# LOS HÉROES
DE ORACIÓN

# LOS HÉROES DE ORACIÓN

Eliud A. Montoya

palabra-pura.com

**Héroes de oración**
Copyright © 2018 por Eliud A. Montoya
Todos los Derechos Reservados

ISBN: 978-1-9513721-7-0

Las citas bíblicas de esta publicación han sido tomadas de la Reina-Valera 1960$^{TM}$ © Sociedades Bíblicas en América Latina, 1960. Derechos renovados 1988, Sociedades Bíblicas Unidas. Utilizado con permiso.

Este libro puede ser reproducido libremente en forma de **libro electrónico** sin necesidad de ningún permiso previo del autor, sin cambiar palabras o distorsionar el contenido en ninguna manera.

Porciones de este libro pueden ser asimismo reproducidas proveyendo la paternidad de la fuente. Para la reproducción en papel impreso u otros medios será necesario tener permiso expreso del autor.

Diseño de cubierta y formato: *Iuliana Sagaidak*
Editorial: Palabra Pura, *www.palabra-pura.com*

CATEGORIA: Religión / Vida cristiana / Oración

IMPRESO EN ESTADOS UNIDOS DE AMERICA
PRINTED IN THE UNITED STATES OF AMERICA

# INTRODUCCIÓN

> *La oración es el aliento de un alma nacida de nuevo y*
> *no puede existir una vida cristiana sin ella*
> – Rowland Hill

¿Qué es lo que estuvo haciendo Juan el Bautista en el desierto por 30 años, antes de iniciar su ministerio de 6 meses, antes de ser ejecutado? Habitaba en el desierto, orando, embebido en Dios, preparándose para la enorme responsabilidad que tendría al ser precursor del Salvador.

Jesús mismo se preparó durante 30 años para predicar por 3 años y medio, y Él mismo declaró que lo que hablaba era lo que había visto al estar cerca del Padre (Jn. 8:38). Cristo tuvo la más ejemplar vida de oración de todos los seres humanos.

Orar es una reacción natural de la angustia humana. El hombre natural sabe de un Dios invisible que gobierna todo, y su reacción, cuando ya no quedan más recursos, es acudir a Él.

La primera acción de un bebé, cuando es golpeado, –en su impacto con el nuevo ambiente y el nuevo mundo–, es llorar. Y cuando llora pide auxilio. Es su grito de angustia que Dios en su amor y cuidado, escucha. Así, es Él quien destapa sus conductos respiratorios y el bebé inicia su vida entre nosotros. Necesita llorar, necesita pedir auxilio, necesita clamar. Necesita orar para empezar a respirar. En lo espiritual es similar, un toque al alma le hace arrepentirse, el arrepentimiento y la fe le guían a la salvación y la salvación es mantenida por el respirar constante de la oración.

El ser humano clama a su Creador cuando está en extrema angustia, cuando está en peligro de muerte, cuando las fuerzas se le han agotado totalmente. Se acuerda en su ser más interno del momento angustioso cuando fue sacado del vientre, cuando fue librado por Dios al enfrentarse al mundo. Por ello David dijo por el Espíritu: "Pero tú me sacaste del vientre. El que me hizo estar confiado desde que estaba a los pechos de mi madre" (Sal. 22:9).

Todos los seres humanos han orado alguna vez, malos y buenos, justos e injustos. Pecadores y profanos. Los pertenecientes a todas las religiones, aun los ateos. Aun los que abiertamente contrarían y se oponen a las palabras y juicios de Dios. Sin embargo, el nuevo nacimiento marca el inicio de la oración, no como una simple reacción al dolor causado por la vida, por el infortunio o por otro ser humano, sino simplemente como el respirar. No como un acto meramente religioso, cuya práctica es parte de los méritos para ganarse la gloria, sino como una reacción natural y consecuente a su nueva naturaleza.

Para quien realmente ha nacido de nuevo la oración no es un acto litúrgico, es su aliento de vida. No puede vivir sin orar, porque la oración es el vínculo que le mantiene vivo. La oración es instinto de supervivencia espiritual y plenitud de vida de todo cristiano nacido de nuevo. Cristo se convierte en el amor de su vida y su centro. No ora simplemente para pedir, sino ora porque ama, porque necesita que ese amor de Dios, esa comunión del Espíritu, y esa fuerza para el amor fraternal, continúen fluyendo.

Este libro no habla de cómo orar, sino de la oración llanamente, es decir, la oración al único Dios verdadero. Ciertamente existen otros libros que nos ayudan a entender la naturaleza de la oración. Yo mismo he escrito uno de ellos al que titulé *Los cinco temas de la oración de Cristo* y en éste explico cómo el Señor nos enseña a orar; sin embargo, *Héroes de oración* nos habla tan sólo de la necesidad de orar siempre y no desmayar. Es un libro que nos inspira a tener una vida de victoria mediante una comunión íntima y constante con el Todopoderoso.

El libro que usted, amado lector, sostiene en sus manos, se llama *Los Héroes de oración* porque menciona muchos nombres, y aunque está infinitamente lejos de ser exhaustivo, tales nombres nos traen inspiración. Son hombres y mujeres del pasado y del presente cuyas vidas nos impulsan a orar. Ellos, creyeron a Dios cuando dijo: "Porque sin fe es imposible agradar a Dios; porque es necesario que el que se acerca a Dios crea que le hay, y que es galardonador de los que le buscan" (Heb. 11:6).

## DIOS NO HACE ACEPCIÓN DE PERSONAS

Imaginemos un juicio justo. En tal escenario siempre encontraremos un juez que no tiene favoritos ni menospreciados. Las leyes que están escritas no son quebrantadas arbitrariamente, ni el juez se deja llevar por sentimientos o sospechas infundadas. Sólo obedece a los hechos a la luz de las palabras que están en estricto apego a la razón de la letra. La letra de la ley escrita. Éste es el escenario de un juez que no hace acepción de personas.

"Dios no hace acepción de personas"; pero no todos comprenden este concepto. El propio Pedro, aun después de ser bautizado en el Espíritu Santo, no lo entendió, sino hasta que vio que lo que había sucedido con aquellos ciento veinte, sucedió exactamente con los gentiles también. Fue entonces finalmente que exclamó: "En verdad ahora comprendo que Dios no hace acepción de personas. [35] Sino que en toda nación se agrada del que le teme y hace justicia" (Hch. 10:34-35).

Los hombres y mujeres, cuyas vidas estaremos examinando en este libro, creyeron que Dios es justo, y que como Él cumplió a sus siervos mencionados en la Biblia, sería fiel y justo para contestarles a ellos. Estos hombres y mujeres fueron también como nosotros. Personas de carne y hueso, con las mismas pasiones, –como dijo Santiago de Elías–, las mismas que experimentamos todos nosotros. Sin embargo, éstas personas creyeron que Dios, así como fue galardonador de los que fueron antes que ellos, lo sería de ellos. Y así fue.

### DIOS ES GALARDONADOR

Dios dijo que Él mismo daría galardón a los que le buscaran. Es entonces que el secreto de la vida está en buscar a Dios.

Nadie sería tan insensato para no querer cavar para desenterrar un gran tesoro, especialmente cuando está totalmente seguro de que está allí. Es así como funciona la oración. Dice el texto, *Pero sin fe es imposible agradar a Dios, porque es necesario que el que se acerca a Dios, crea que le hay y que es galardonador de los que le buscan.*

Todos quieren el galardón de Dios, el tesoro de Dios, pero no todos tienen la fe para cavar. No sabemos qué tan profundo está, pero si estamos seguros que este tesoro está ahí, seguiremos cavando. Si estamos totalmente seguros de que Dios existe, que Él no puede mentir, y que nos dará el galardón que ha prometido, no importa que pasen las horas, el galardón de Dios lo vale. No importa que pasen días, el galardón es sumamente valioso. Es nuestra inversión, la inversión más grande que podamos nosotros jamás hacer estando en esta vida.

Ahora supongamos que el tesoro está en el fondo del mar. Sabido es que en la historia se perdieron barcos que estuvieron cargados de oro. Toda esa riqueza simplemente se fue hasta lo más profundo del mar; y ni ahora, con todo y la increíble tecnología que tenemos, debido a la inmensidad del mar, casi nada de esa riqueza se ha podido encontrar. Compararé ahora esos tesoros con los grandes secretos de Dios, con lo que el Espíritu Santo escucha del

Padre. El texto nos dice: "Porque ¿quién de los hombres sabe las cosas del hombre, sino el espíritu del hombre que está en él? Así tampoco nadie conoció las cosas de Dios sino el Espíritu de Dios.[12] Y nosotros no hemos recibido el espíritu del mundo, sino el Espíritu que proviene de Dios, para que sepamos lo que Dios nos ha concedido" (1 Cor. 2:11-12).

Dios está ansioso por contarnos sus secretos. Quiere que vivamos vidas plenas y felices. Quiere que hagamos su voluntad, porque ese es nuestro gozo, nuestra paz y la satisfacción plena.

## Relatos reales, gente real

Los relatos que en este libro estarán contándose son relatos reales, vividos por gente real. Son héroes, pero no son súper hombres o súper mujeres. Son de aquellos que se sabe, de los que algo hay publicado; de aquellos o aquellas que de alguna manera un sector de la humanidad conoce. Por supuesto existen otros –quizá cientos de miles de personas – de los que no se conoce nada. Gente en comunidades apartadas, de épocas remotas. Gente de todas las edades que han sido reales discípulos de Jesucristo. También de muchas culturas, pueblos y lenguas. De aldeas, de ciudades pequeñas, de núcleos comunales de los que poco se sabe su historia real.

Por supuesto, existe un número enorme de personas en el total anonimato los cuales han sido piezas clave para los grandes avivamientos que el mundo ha sido testigo.

Muchos personajes del pasado se conocen más de Europa o de Estados Unidos simplemente porque otras culturas poco escribían y publicaban, sin embargo, ahora tenemos un poco más de conocimiento de otros hombres y mujeres de Dios que se desenvuelven en otros lugares y quienes tienen su origen en otros trasfondos socio-culturales. Porque no depende de la prosperidad económica ni del nivel científico de un individuo o de un pueblo, se trata simplemente de "todo aquel", de cualquier persona que le busca, tal como Pedro dijo, que en toda nación se agrada del que le teme y hace justicia.

# CAPÍTULO I

# FE EN LA ORACIÓN

*La oración no cambia el propósito de Dios. Pero la oración cambia la acción de Dios*
*- Church Smith*

Acerca de la eficacia de la oración **C.H. Spurgeon** dijo en una ocasión, "... [el asunto de la eficacia de la oración] es para mí una cuestión de conocimiento y experiencia cotidiana. Constantemente presencio los ejemplos más inconfundibles de respuestas a la oración. Toda mi vida está compuesta de ellos. Para mí son tan familiares que no me provocan sorpresa, aunque sé que para otros parecerán maravillosos, sin duda. Dudar de la eficacia de la oración es tanto como dudar de las leyes de la gravedad". En referencia a ello, cuenta James Henry Potts en su libro *Faith Made Easy* [La fe lo hace fácil], cómo en una ocasión llegó con Spurgeon una pobre mujer muy atribulada. Cuando el siervo de Dios le pregunta la razón de su congoja ella, entre sollozos, le dice, "mi esposo me ha abandonado y ahora se ha ido a vivir a otra ciudad". Spurgeon le

C.H. Spurgeon—por Alexander Melville

miró por un instante y le contesta: "Mujer, no puedo hacer nada que pueda ayudarte, pero la solución está en orar ahora mismo por la conversión de tu esposo". Ahí mismo doblaron sus rodillas e hicieron una oración rogando al Señor que tocara el corazón del padre y esposo desertor, le convirtiera a Cristo y le hiciera volver a casa. Cuando se levantaron de la oración, Spurgeon le dice, ahora olvida el asunto, ahora mismo siento seguridad de que tu esposo regresará y se convertirá en miembro de la iglesia. Ella se fue.

El tiempo pasó, pero luego de varios meses viene con Spurgeon la misma mujer, quien viene también con otros de sus vecinos y un hombre quien ella le presentó como su esposo y como un hombre transformado por el poder del evangelio. Luego, al compaginar los datos, se dieron cuenta de que el mismo día que ellos habían orado, su esposo estaba embarcándose para salir de la ciudad; pero cuanto estaba en esto, tropezó con una copia perdida de uno de los sermones de Spurgeon. Lo leyó, la verdad entró a su mente y corazón, Dios trajo convicción a su alma, buscó al Señor, se arrepintió y regresó a casa. Ahora ellos venían para hacerse miembros de la iglesia.

Sobre el mismo tema Spurgeon continúa diciendo: "Sería la creatura más irracional del mundo, si con una vida tan llena de experiencias tan notables, abrigara la más mínima duda sobre el tema de la respuesta a la oración. Yo [personalmente] no lo considero como milagros, sino como parte integral del orden establecido del universo".

## Nuestros ojos puestos en Dios

Así como Spurgeon, nosotros, ¿estamos totalmente seguros de que Dios contestará nuestras oraciones? ¿Nos hemos acostumbrado a los milagros en nuestra vida? En una ocasión Oswald Smith (1889-1986), autor del conocido libro *Pasión por las almas* dijo: "Necesitamos orar con nuestros ojos puestos en Dios, no en la dificultad". Es notable cómo un hombre con tanto genio como Oswald Smith, quien fue Doctor *honoris causa* en teología por el Seminario Asbury (1936); doctor en literatura por la Universidad Bob Jones (1940); doctor en derecho por el Houghton College (1946); miembro de la Real Sociedad de Literatura del Reino Unido (1952); y miembro de la Real Sociedad Geográfica de Londres, entre otras, además de haber publicado en su vida 35 libros traducidos a muchos idiomas, hablara de la oración con tanto fervor. Porque la oración es la clave que nos hará lograr cosas mayores, cosas de excelencia.

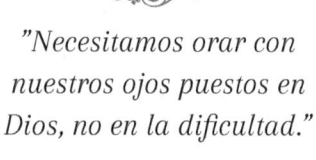

*"Necesitamos orar con nuestros ojos puestos en Dios, no en la dificultad."*

- Oswald Smith

Poner los ojos en Dios, no en la dificultad en el momento de orar, significa orar con fe. Definitivamente muchas dificultades tenemos en la vida, cada hombre o mujer tiene las suyas, pero Dios ha determinado ayudarnos. Su mano no se ha acortado para darnos todo lo que necesitemos, pero Él quiere que le pidamos. Dijo Jesús, "Pedid y se os dará" (Mt. 7:7). Dios se deleita en bendecirnos, en darnos todo cuanto tiene, porque es un Padre rico y generoso. Sin embargo, debido a nuestra humanidad siempre nuestra lucha será una lucha de fe.

### La oración es una batalla de fe

El cristiano está en lucha a cada momento de la vida. Pablo dijo a Timoteo: "Pelea la buena batalla de la fe" (1 Ti. 6:12). La fe sufre violencia, la fe es el más preciado elemento que una persona puede tener y es el blanco de nuestro enemigo.

Ahora bien, toda batalla tiene estrategias, pero nuestra estrategia –dijo en cierta ocasión David Y. Cho– es orar. En la oración Dios nos indica estrategias supeditadas a la estrategia de la oración. Es decir, toda estrategia debe depender de la oración para que cause estragos al reino de las tinieblas.

Georges Lefèbvre escribió una biografía de mucha importancia y tino [además de breve] sobre Napoleón Bonaparte, el gran estratega militar. Él dice:

"Pequeño y bajo, bastante musculoso, rojizo y todavía seco a los treinta años, el cuerpo endurecido y siempre listo. La sensibilidad y la resistencia de los nervios son admirables, los reflejos de una prontitud asombrosa, la capacidad de trabajo ilimitada; el sueño viene cuando se le ordena. Y ahora al reverso: el frío húmedo provoca la opresión, la tos, la disuria; la contrariedad despierta gran cólera; el exceso de trabajo, a pesar de los baños calientes y prolongados, de una extrema sobriedad, de un uso moderado pero constante de café y de tabaco, engendra a veces breves desfallecimientos que llegan, incluso, al llanto. El cerebro es uno de los más perfectos que han existido: la atención siempre despierta, remueve infatigablemente los hechos y las ideas; la memoria los registra y los clasifica; la imaginación juega libremente y, por una tensión permanente y secreta, inventa sin fatigarse, los asuntos políticos y estratégicos que se manifiestan en iluminaciones repentinas, comparables a las del matemático y del poeta, con preferencia durante la noche, en un repentino despertar, lo que él mismo llama la llamada moral, la presencia del espíritu de después de medianoche. Este ardor espiritual ilumina, por medio de los ojos fulgurantes el rostro aún sulfurado, a su recuerdo del Corso de los cabellos lisos... Él se hacía justicia: Yo soy incluso un buen hombre; y es verdad; se mostró generoso e incluso amable para aquellos que trataba de cerca... Organización física y cerebral que ocultan ese irresistible impulso hacia la acción y la dominación que se llama su ambición. Él lo ha visto claro en sí mismo: Se dice que soy ambicioso, se equivocan; no lo soy, o al menos mi ambición está tan íntimamente unida a mi ser que no puede separársele".

La batalla de la fe tiene su base en la sana ambición del reino de Dios. Como Napoleón, nosotros luchamos, ganamos territorio, primero en nuestra propia vida, y en la vida de otros, para que crean a la Palabra. Jesús dijo: "Yo sabía que siempre me oyes; pero lo dije por causa de la multitud que está alrededor, para que crean que tú me has enviado" (Jn. 11:42). Cristo habla para que nosotros tengamos fe, en tanto Él mismo está seguro de que Dios siempre le escucha. Este es el ejemplo supremo para todos nosotros, esto es luchar la batalla de la fe.

Por el otro lado, de nuestro enemigo se dice: "luego viene el diablo y quita de su corazón la palabra, para que no crean y se salven" (Lc. 8:12). El trabajo del enemigo es sembrar duda, para que no crean a la Palabra y Dios les salve. Napoleón tenía una mente siempre presta para pelear la batalla en su mente. Su batalla era por territorios físicos, la nuestra es la batalla de la fe.

Esta batalla, sin embargo, es una lucha constante. Nos dice Pablo, "orar sin cesar" (1 Ts. 5:17). Y es que no basta con unos cuantos minutos de oración, se necesita luchar mucho más que eso. Y no es porque Dios necesite de nuestra mucha oración sino porque hay una lucha nuestra contra la naturaleza humana. Hay una lucha contra el reino satánico, existe una lucha cósmica y misteriosa en la oración. Las Escrituras dicen, por Pablo: "orando de noche y de día con gran insistencia, para que veamos vuestro rostro, y completemos lo que falta a nuestra fe" (1 Ts. 3:10).

## La fe es probada y entonces crece

¿Por qué situaciones adversas vienen a nosotros, aun sin nosotros buscarlas? ¿Dónde está la protección de Dios? –

algunos se preguntan–. Las respuestas a estas preguntas es simple: Dios quiere que crezcamos. Él quiere que seamos conformados a la imagen de Su Hijo, y que lleguemos a ser "perfectos y cabales sin que falte cosa alguna" (Stg. 1:3-4).

Así, cada problema y adversidad en la vida es una oportunidad de crecer en fe. Dijo Jorge Müeller, considerado en la historia uno de los héroes de fe: "Entre más estoy en una posición de ser probado en mi fe con respecto a mi cuerpo, mi familia, mi servicio al Señor, mis negocios, etc., más tengo la oportunidad de ver la ayuda y liberación de Dios. Y cada nueva vez en que Él me ayuda o libera habrá una tendencia a incrementarse mi fe".

En mi libro *Los cinco temas de la oración de Cristo* explico más sobre el tema de la fe, como algo esencial en toda oración elevada al Padre en el nombre de Jesús.

# CAPÍTULO II

# LA ORACIÓN SECRETA

*El secreto de todo fracaso es nuestro fracaso en la oración secreta*
The kneeling Christian, circa 1930, cap. 1
(autor desconocido)

Cristo habló de la oración secreta como el centro de la vida. La comunión con su Padre fue para el Señor lo más importante. Él subía al monte a orar en secreto. Durante la noche oraba. Se retiraba a parte para orar. Consumía muchas horas en oración. Es triste que en nuestros días existan cristianos a los que el diablo haya engañado haciéndoles creer que no es necesario orar tanto, y ni el ejemplo de Cristo mismo para ellos es suficiente.

El resultado de ello son oraciones lacónicas y breves, que no pasan por el proceso que toda oración de resultado requiere.

El enemigo quiere que nosotros creamos en nosotros mismos, en el poder humano y no en el poder de Dios. Sabe que nosotros tenemos un poder y capacidad extremadamente

LEONARDO RAVENHILL— POR ROLAND HEDDINS

limitados, pero teme al poder ilimitado del Señor; sabe que ese poder está a nuestra disposición y que la única manera de alcanzarlo es mediante nuestra oración secreta.

## LA ORACIÓN SECRETA ES PODER DE DIOS

Algo que es imposible creer para el hombre natural es que a través de la oración secreta se puedan realizar las más grandes obras y hazañas. Y es que no es simplemente un hombre o una mujer quien lo hace, sino es Dios mismo a través de él o ella. El hombre natural cree en la ciencia, el raciocinio y las acciones humanas. Pero Pablo y Silas hubieran pasado toda la vida en la cárcel si no hubieran orado (Hch. 16:25-26). Tan solo la oración hizo posible que la mano de Dios se moviera y que ellos salieran de ahí mediante un gran milagro de Dios.

**Leonardo Ravenhill (1907-1994)** fue un evangelista pentecostal inglés y autor, quien se enfocó en los temas de la oración, avivamiento de la fe cristiana, la obediencia a Cristo y la sumisión a la voluntad de Dios.

Desde sus inicios en el caminar cristiano, Leonardo fue impactado por las predicaciones de Samuel Cradwick, y estudió sobre los avivamientos de la iglesia cristiana. Mediante ello, Leonardo no tardó mucho en descubrir que la clave del avivamiento, tanto a nivel personal como de cualquier grupo, es la oración secreta. Por lo que ya a los 24 años participaba en reuniones que promovían el evangelismo y la oración. Por este tiempo, Leonardo presenció algo que marcó su vida: el hotel en el que en ese día él se encontraba se incendió y él, aunque salvando la vida, fue afectado por quemaduras tan graves que un médico le dijo que no iba a volver a caminar. Pero él no hizo caso de eso, sino que intensificó su vida de oración. Leonardo pasaba muchas horas adorando a Dios, orando secretamente en su habitación; y Dios coronó la vida de Leonardo Ravenhill con mucho fruto para la gloria de su nombre.

Era el tiempo de la segunda guerra mundial, y Leonardo fue llamado por Dios para la predicación de la Palabra. El resultado fue que muchos nuevos conversos, al ser inspirados por la vida apasionada de Leonardo, luego se dedicarían también al servicio cristiano.

En 1958 Leonardo con su familia compuesta por su esposa Martha y tres hijos, se mudaron a los Estados Unidos, en donde vivió el resto de su vida. En su tiempo trabó una buena amistad con A.W. Tozer y con el pastor David Wilkerson. David habló siempre bien de Leonardo Ravenhill, a quien consideró "un verdadero profeta de Dios". Por cierto, David y Leonardo fueron co-autores del libro titulado: *Refiner's Fire*. Leonardo Ravenhill también escribió un libro de mucha circulación llamado, *¿Por qué no llega el avivamiento?* Y muchas de sus frases acerca de la oración han llenado el mundo. Una de estas frases versa así: "El hombre que íntima con Dios nunca será intimidado por los hombres".

Otro de los más grandes escritores acerca de la oración es **David Y. Cho** (nacido en 1936) y pastor emérito de la iglesia más grande del mundo en Seúl, Corea. A los 19 años, tras ser milagrosamente sanado por Dios de tuberculosis, del budismo, se convirtió a la fe cristiana. Luego se casó con Kim Sung, y en 1958 él inicia, junto con su suegra Choi Ja-shil, lo que hoy se llama "Iglesia del Evangelio Completo de Yoido". El primer servicio inició tan solo como una reunión familiar, pero mediante la oración, la visitación puerta a puerta, asistencia humanitaria y espiritual a los pobres, la iglesia, apenas en tres años, en 1961, había crecido a más de mil personas. La iglesia seguía creciendo, y de tener ya tres mil miembros en 1964, alcanzó los ocho mil en 1968. Desde entonces Dios ha multiplicado la iglesia milagrosamente, y hoy tiene cientos de miles de miembros para la alabanza de Dios.

> *"Puedes remover la predicación poderosa de la iglesia, y ésta continuará en pie. Podrás remover el sistema de administración de la iglesia mediante células y la iglesia continuará viva. Pero si remueves la vida de oración de la iglesia, ésta se colapsará."*
>
> - David Y. Cho

En 1973 fue construida la Montaña de oración Osanri, un sitio constituyente de pequeños cubículos en donde los visitantes dedican tiempos devocionales. Se ha calculado que en la actualidad la montaña de oración recibe más de un millón de visitantes anualmente.

Dios ha realizado un sin número de milagros a través de la oración de Cho y los miembros de su iglesia en Corea.

DAVID YONGGI CHO

Ellos están totalmente convencidos de la efectividad de la oración secreta. En una ocasión Cho escribió: "puedes remover la predicación poderosa de la iglesia, y ésta continuará en pie. Podrás remover el sistema de administración de la iglesia mediante células y la iglesia continuará viva. Pero si remueves la vida de oración de la iglesia, ésta se colapsará".

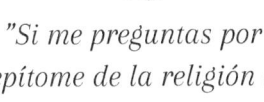

"Si me preguntas por un epítome de la religión cristiana, lo debo decir en una palabra: oración. Vida y muerte sin oración, y ya orarás por largo tiempo en el infierno..."

- Spurgeon

David Y. Cho ha sido serio en su dicho, y en varios de sus libros habla de una vida de oración secreta de tres horas al día. Esta vida de oración ha sido el detonador de un crecimiento sobrenatural en su iglesia. Ahora podemos afirmar, el mismo Dios de Corea es el mismo de toda la humanidad y de todos los tiempos. Si cada uno de nosotros mantiene una vida poderosa de oración secreta y cree al Señor para ver sus milagros, éstos de seguro ocurrirán, pues la palabra que dijo Cristo no puede quebrantarse, nuestro Señor dijo: "Por tanto, os digo que todo lo que pidiereis orando, creed que lo recibiréis, y os vendrá" (Mc. 11:24).

"Si me preguntas por un epítome de la religión cristiana", –dijo Spurgeon– "lo debo decir en una palabra: oración. Vida y muerte sin oración, y ya orarás por largo tiempo en el infierno". Lo que dijo Spurgeon es totalmente

DAVID BRAINERD

cierto, de lo que se trata la vida cristiana es oración, y de la calidad de nuestra oración secreta, la que elevamos a Dios cada día, es que depende la calidad de toda nuestra vida cristiana. Asimismo, no importa que tan cristiana y religiosa parezca una persona, si no mantiene una vida de oración secreta, −como dijo Spurgeon− ya estará orando por la eternidad en el infierno.

Ahora bien, la oración secreta es una obligación para mantenernos en Cristo y para vivir una vida de poder, pero ¿qué decir del deleite que encontramos en ella?

## El deleite de la oración secreta

*Oh, que el lugar de la oración secreta se convierta*
*en el punto más amado de esta tierra*
- Andrew Murray

**David Brainerd (1718-1747)** fue un joven misionero entre los indios americanos, cuya vida breve, pero valerosa y de gran devoción, ha sido la inspiración para miles de personas −entre ellas las de Guillermo Carey y Jim Elliot− . Una vez Brainerd dijo: "Amo estar solo en mi cabaña, pues así puedo invertir mucho tiempo en oración".

Esa oración a la que Brainerd se refería dio su resultado, pues logró tener milagros de conversiones tan sorprendentes, que tan sólo existe una explicación: Dios lo hizo. Su intérprete era un hombre muchas veces ebrio, quien apenas era capaz de hacer algún trabajo a su favor, pero Dios enviaba su Espíritu en sus reuniones, y los indios caían rendidos a las plantas del Señor, llorando a gritos por su misericordia.

Después de ser expulsado de la Universidad de Yale, tan sólo por hacer el comentario de que uno de los miembros de la mesa directiva de la escuela, "no tenía más gracia que una silla", un ministerio poco conocido le dio licencia para predicar. Luego, la Iglesia Presbiteriana de New Jersey, trató en vano de ayudarle a ser re-admitido en Yale. El plan de Dios era otro, así es que, en su lugar, la agencia misionera llamada *Society in Scotland for Propagating Christian Knowledge*, aprobó su solicitud de servir como misionero entre los Indios Americanos.

Tuvo otras muchísimas dificultades, las cuales él mismo narra en su autobiografía; pero Dios ayudó a David, y logró su ministerio más fructífero en Crossweeksung, New Jersey, en donde logró tener 130 miembros. Cuando los líderes eclesiásticos escucharon del éxito ministerial de Brainerd, (luego de su tremenda tenacidad), en varias ocasiones le ofrecieron el pastorado, pero él se negó, queriendo permanecer en el servicio misionero. En su profunda vida de oración, Dios le había dado tanta devoción a su ministerio, que refiriéndose a su trabajo misionero dijo: "no siento libertad en pensar otra cosa en la vida...". Así, su corta existencia transcurrió en intenso apego a la vida devocional y a la predicación a los indios americanos.

Su trabajo en el campo misionero no duró más que escasos 3 años, pues en noviembre de 1746 enfermó gravemente y tuvo que ser atendido, primero siendo hospedado por el líder de los Presbiterianos en New Jersey y luego, en la casa del mismo Jonathan Edwards en donde finalmente murió en octubre de 1747. Durante el tiempo que David estuvo con Jonathan Edwards, era su hija de 17 años la que cuidaba de él, desarrollando una amistad cristiana muy bella. Se decía que ellos pudieron en algún momento abrigar la idea de formar una familia, pero la enfermedad hizo presa del misionero al contar con tan solo 29 años de edad.

La oración secreta fue el tesoro más apreciado de David Brainerd y su vida, aunque pudiere parecer poco trascendente, ha sido la semilla de cientos de miles de almas que luego vinieran al Señor debido a su influencia. Este fue seguramente el deseo del misionero, en quien se cumplió en la eternidad esa Palabra que dice: "Deléitate asimismo en Jehová, Y él te concederá las peticiones de tu corazón" (Sal. 37:4).

## ORGANIZA TUS ASUNTOS
### PARA QUE PUEDAS ORAR DOS O TRES HORAS

**Adoniram Judson (1788-1850)** fue un congresista americano y posteriormente, luego de un llamado por el Señor, misionero bautista a Birmania. Él fue el primer misionero bautista americano en ser enviado a ese país, y uno de los primeros al extranjero desde los Estados Unidos. El Dr. Judson tradujo la Biblia al idioma Birmano y estableció un número de iglesias en Birmania. El secreto ministerial de Judson descansó en su vida devocional. Él dedicaba mucho tiempo a la oración, tanto, que una vez dijo:

"Organiza tus asuntos de manera que puedas dedicar dos o tres horas diariamente a la oración; no meramente a ejercicios devocionales, sino al acto mismo de la

Adoniram Judson

oración secreta y la comunión con Dios. Haz esfuerzos para retirarte siete veces al día para apartarte del bullicio y la genta y así elevar tu alma en oración privada a Dios. Comienza el día cuando aun esté oscuro para dedicarte a esta obra sagrada en el silencio… haz todos los esfuerzos suficientes para mantenerte así. Considera que el tiempo es corto, y que los negocios y la compañía no deben robarte tu tiempo con Dios".

Alguien podría pensar, ¡qué clase de hombre fantasioso es ese! Pero Adoniram Judson ha sido uno de los pocos hombres que ha impactado el mundo con el evangelio. Seguramente han existido hombres más creativos, más inteligentes, con mayores conocimientos y más industriosos que Judson, pero ninguno pudo causar el mismo impacto que él. Esto se debe al poder sobrenatural. La intervención sobrenatural de Dios vale más que todo el trabajo humano en el mundo.

Todos los hombres y mujeres de Dios han sido hombres y mujeres de oración, de mucha oración. ¿Qué no es suficiente unos cuantos minutos de oración hecha con fe?, alguien podría preguntar o argumentar con cierta lógica, sin embargo, la importunidad, la insistencia en la oración es clave para el éxito. Es por ello que dice la Biblia, "También les refirió Jesús una parábola sobre la necesidad de orar siempre, y no desmayar, …" (Lc. 18:1). E.M. Bounds dice en su libro *Power Through Prayer*: "importunidad [insistencia continua] no significa fantasear sino un trabajo persistente".

Sin lugar a dudas la oración secreta es una vida de poder y deleite, es una vida de disciplina también y reflejo inequívoco de una verdadera entrega a Dios. El mismo Señor Jesucristo se refirió a la vida de oración secreta cuando dijo: "Y cuando ores, no seas como los hipócritas... Más tú, cuando ores, entra en tu aposento, y cerrada la puerta, ora a tu Padre que está en secreto; y tu Padre que ve en lo secreto te recompensará en público" (Mt. 6:5-6).

La oración es un acto de comunicación con el Todopoderoso, sin embargo, no deja de ser algo misterioso. La oración tiene lineamientos, es verdad, y de ello explico en mi libro *Los cinco temas de la oración de Cristo*, sin embargo, existen muchas cosas que se operan a través de la oración, de las cuales tan sólo en la eternidad podremos darnos cuenta. Dios trabaja en lo secreto, sin que nadie se entere de su actividad. David dijo: "en lo oculto fui formado..." (Sal. 139:15). Dios opera tantos milagros y maravillas en la oración, que nosotros no podemos ni siquiera imaginar lo benéfico que es ella.

# CAPÍTULO III

# LOS MISTERIOS DE LA ORACIÓN

Sin duda alguna, la oración elevada al Padre en la voluntad de Dios y con suficiente fe jamás dejará de traer grandes dividendos en el terreno espiritual y físico. Cristo nos enseña a orar. Él no nos enseñó una sola manera de sanar a los enfermos, ni una sola manera de enseñar o predicar, tampoco una liturgia de culto en particular, sin embargo sí nos enseñó a orar. Yo hablo de cinco temas principales tocados por el Señor Jesucristo cuando enseña a sus discípulos a orar, y esto es sumamente importante para tener una oración efectiva y poderosa. Con todo, la oración no deja de ser algo misterioso. Dios es impredecible en su modo de hacer las cosas y usa a quien Él quiere como su instrumento. En ocasiones uno puede sentirse impulsado a orar por un perfecto desconocido al otro lado del mundo, y luego Dios hace el milagro sin que aquella persona tenga la más mínima noción de lo que estuvo ocurriendo. En esta sección hablaremos del tema de los misterios de la oración.

HUDSON TAYLOR—POR LONDON

## Los padres de Hudson Taylor

**Hudson Taylor (1832-1905)** nació en un hogar en donde la oración era prioridad. Desde niño, Hudson fue testigo del resultado de la fe de su padre y de las dulces y largas oraciones de su madre. Ambos oraban porque su hijo se dedicara a las misiones y aún, específicamente, que Hudson fuera un misionero a la China, sin embargo, lo mantuvieron en secreto y jamás se lo dijeron. Hudson por su parte, en lugar de procurar ser un siervo de Dios, se alejó de la fe de sus padres durante buena parte de su adolescencia; pero luego, tras leer un tratado evangélico titulado "*Poor Richard*", Dios tocó su corazón y profesó a Cristo como su salvador personal. Pronto Taylor fue inclinando su corazón por las misiones en China y más tarde se embarcó para allá e hizo un trabajo intenso en aquel lugar. Las oraciones de sus padres fueron finalmente contestadas.

Hay muchas otras historias que confirman la respuesta a la oración. Pero hay otras historias en donde parece que sucedió simplemente debido a las causas naturales, a la bondad, o al coraje o voluntad humana. Pero podemos entender que ningún bien en la tierra ocurre sino por Dios en respuesta a la oración. Existen protagonistas directos, pero también gente que oró a Dios detrás del bagaje, en la trinchera, sin ser vista ni jamás conocida. Los héroes anónimos, los verdaderos héroes. Fueron, por ejemplo, las madres de hombres o mujeres de Dios que hicieron proezas. Otros casos, entre algunas personas, que aún sin siquiera ellos conocer a Dios, ni tener la experiencia de salvación, hicieron el bien en respuesta a la oración de sus padres o de algún otro cristiano a quien Dios le ordenó interceder. Es totalmente inimaginable entender todo el bien que Dios ha derramado sobre la tierra en respuesta a cientos de miles y hasta millones de oraciones que los hijos de Dios le elevan diariamente con fe.

## La historia de Kate Shelley

Cuando escuché la historia de **Kate Shelley (1863-1912)** me pregunté, ¿quién habría orado? ¿Su madre? ¿Ella misma? ¿Los pasajeros del expreso? ¿Las madres de ellos? No lo sabemos, pero de lo que sí podemos estar seguros es que Dios está a favor de salvar y el diablo de matar, y cada vez que una persona es rescatada de la muerte, seguramente es debido a la intercesión de alguien más.

Kate Shelley es reconocida como una gran heroína en el mundo. Fue hija de inmigrantes irlandeses, los que en la época de la Reina Victoria huían del hambre imperante en su propia tierra. Estuvieron algún tiempo en Illinois, pero se establecieron como una familia muy pobre en un poblado de Iowa. Sin embargo, parecía que tal inmigración no les había salvado de la tragedia. Su padre murió cuando ella tuvo 12 años y uno de sus hermanos se ahogó en el río Des Moines, una rama del gran río Mississippi. Azotada por pérdidas tan irreparables, y habiendo su madre enfermado debido a tales sucesos, ella luchaba, siendo tan niña, por la subsistencia de su propia familia.

Era la noche del 6 de Julio de 1881, siendo ella apenas una jovencita, le aterraba lo que sucedía afuera de su casa, una pequeña y pobre casa cerca de las vías del tren y de un pequeño puente ferrocarril que cruzaba a través de una ramificación del rio Des Moines, del arroyo de Honey Creek. Lo que aterraba a Kate era una tormenta similar a las que en años anteriores habían causado grandes estragos. Esta vez no sería la excepción, pero ella no lo sabía todavía, lo intuía quizá. De pronto un ruido estruendoso comprobó sus presentimientos. Se escuchó como el ruido de fierros que se retorcían y de una gran masa caliente cayendo sobre el agua helada. "La máquina de reconocimiento" –gritó ella– sabía que era de ésta de la que se trataba, pues hacía tan sólo un par de minutos que le habían escuchado andar. "Iré para ver si puedo ayudarles" –pensó– tomó su rompevientos y una lámpara, y dejando a su madre y hermanos, se encomendó a Dios yendo sola hacia donde estarían los maquinistas. Cuando llegó encontró como imaginó, el puente del arroyo Honey Creek se había derrumbado totalmente, la máquina estaba en el agua, y dos de sus pasajeros habían muerto ahogados. Aun estaban dos con vida, aunque atrapados, pero lo más importante era que a paso veloz se aproximaba el expreso de medianoche, un tren con 200 pasajeros, los cuales estaban en grave peligro de morir, y ella era la única persona en el mundo que podría hacer algo por ellos.

El puente que estaba cerca de su casa ya no existía, pero ella, puesto que vivía del lado en donde estaba la estación de tren, si quería hacer algo, tendría que correr cerca de un kilómetro hasta llegar a otro puente, el que atravesaba el rio Des Moines, cruzarlo (este tenía un largo como de un

KATE SHELLEY

kilómetro y medio milla) y finalmente correr como dos kilómetros y medio para llegar a la estación.

Tomó tan descabellada decisión. Al llegar al puente que atravesaba el río Des Moines, varios anuncios de peligro y "prohibido el paso" amonestaron a la joven. El puente estaba sumamente deteriorado y muchos durmientes simplemente no existían, por lo que un paso en falso significaría la muerte. Seguía lloviendo copiosamente. Las gotas de lluvia martillaban la cabeza de Kate. Tragó saliva y siguió adelante. Kate avanzaba lentamente. Sus rodillas eran heridas por los pedazos de metal y clavos que encontraba en la oscuridad. De pronto, estando en esto, su lámpara cayó al agua perdiéndose para siempre. Ahora tendría que a tientas, y alumbrada por los relámpagos que de cuando caían sobre su rostro, avanzar de rodillas y sin seguridad ninguna, por los pedazos de hierro y madera que encontraba suficientemente fuertes para ayudarle a cruzar.

Cruzó milagrosamente; y tan rápido pudo, corrió por las vías hasta que, instantes antes de que fuera demasiado tarde, entró a la oficina del telegrafista que estaba en la estación del tren. Cayó exhausta ante los ojos atónitos de éste, y dijo: "Tiene que detener el tren de medianoche, el puente del arroyo Honey Creek se ha ido, ya no existe". El telegrafista estupefacto al ver a una jovencita de 17 años con vestido raído, sucio y empapado, desmayada apenas al cruzar el umbral de su oficina, envió sin demoras un mensaje al maquinista del tren expreso de la medianoche, quien estuvo apenas a tiempo para iniciar las maniobras de detención del tren en la estación. No era costumbre que ese tren hiciera esta parada, pero logró hacerla. Los 200 pasajeros se habían salvado. Luego, éstos, sin tener idea de lo que estaba pasando, fueron guiados a la oficina del telegrafista, y enfrente de la chica, ahora ya más repuesta, el telegrafista les contó lo que realmente había sucedido.

La mayoría de los pasajeros no pudieron contener las lágrimas, esa pobre chica les había salvado la vida. ¿Sería alguno de ellos cristiano? Seguramente que sí. Dios contestó la oración desconocida de alguien. Nada de lo bueno que ocurre en la tierra viene por casualidad, todo es en respuesta a la oración. Dios siempre responde la oración. Es algo misterioso, pero millones de acontecimientos buenos están ocurriendo en el mundo diariamente, y todo es en consecuencia a la bondad de Dios en respuesta a la oración humilde de sus siervos y siervas.

Dios necesita corazones dispuestos y sensibles. Gente que esté conectada en espíritu con Él para obedecerle prontamente, como los ángeles, "poderosos en fortaleza, que ejecutáis su palabra, obedeciendo a la voz de su precepto" (Sal. 103:20). Gente que esté lista para orar en cualquier momento, interceder lo que el Espíritu Santo le ordene.

## EL MUNDO CAMBIA DEBIDO A LA ORACIÓN DE SUS SIERVOS

*La oración hace más cosas de las que sueña este mundo*
- Alfred, Lord Tennyson

Alfred, Lord Tennyson ciertamente no fue un cristiano muy ortodoxo, según lo confirman las biografías que de él fueron escritas y sus propios poemas, sin embargo, esta frase que él escribió es muy atinada. "El mundo, –y ni siquiera el mismo que ora– se podrá jamás imaginar lo que sucede cuando se desarrolla una oración. El mundo cambia, el mal se detiene, la luz avanza, los rayos de Dios se extienden y las tinieblas son disipadas a medida que un alma justa se derrama en la presencia del Señor".

*"Dios esculpe el mundo mediante la oración. Entre más oración haya en este mundo, éste mejor será y más poderosas las fuerzas contra el mal..."*

- E.M. Bounds

Una vez E.M. Bounds escribió, "Dios esculpe el mundo mediante la oración. Entre más oración haya en este mundo, éste mejor será y más poderosas las fuerzas contra el mal…"

**Edward McKendree Bounds (1835-1913)** nació en un poblado de Missouri, EE.UU. y siendo un joven brillante, se convirtió en el abogado practicante más joven del estado de Missouri. Sin embargo, sintió el llamado de Dios para dedicarse al servicio cristiano y a los 24 inició su primer pastorado en una iglesia metodista de Monticelo, Missouri.

Años después, en 1861, el año de inicio de la guerra civil en los Estados Unidos, tras no pagar un agregado de $500 dólares, que le fueron impuestos y un juramento de alianza a la Unión, fue encarcelado por considerarse que

EDWARD MCKENDREE BOUNDS

Bounds sería un partidario –o al menos simpatizante– de la Confederación (los 11 estados que quisieron separarse de los Estados Unidos y que dieron lugar a la guerra civil). Y no era que él estuviera a favor de la esclavitud –la que los 11 estados separatistas promovían– , sino que él consideró que esa no era la forma en que la Unión debería recaudar fondos y no veía razón para un juramento así (*Failed Ambition* por Tom Jewett).

Estuvo por año y medio en la cárcel, pero nunca dejó, ni en su trabajo pastoral ni cuando cumplió con sus compromisos evangelísticos, de dedicar tres horas diarias a la oración. Se levantaba puntualmente a las 4 a.m. para iniciar su tiempo de intimidad con Dios. Rogaba por las almas, sus lágrimas corrían y la presencia de Dios bajaba. Los que lo conocieron fueron testigos de su vida excepcionalmente limpia e irreprensible ante los ojos de Dios y de los hombres. Jamás escucharon que una sola palabra corrompida, de crítica, de envida, de chisme, de murmuración o de cualquier otro pecado saliera jamás de sus labios. Pero en su tiempo, él escribía. Luego murió y tan solo dos de sus libros fueron publicados en su vida. Al morir, sus manuscritos fueron descubiertos y años después de su muerte finalmente publicados. Nueve de sus libros hablan sobre el tema de la oración. Bounds fue un hombre que entendió la importancia de la oración como ningún otro. Él dijo también "No podemos hacer nada sin orar. Todas las cosas son posibles por la oración demasiado persistente".

Todo aquel que ora de esa manera, sabe que lo vea o no con sus ojos físicos, Dios lo hará. Está totalmente convencido de que su oración ha llegado hasta el trono de Dios y Él actuará. En ello encuentra gran gozo y satisfacción. Abraham no vio en lo físico el advenimiento de Cristo y la salvación del mundo, pero lo vio por la fe y se gozó en ello (Jn. 8:56). El mundo encontrará sucesos de bien únicamente en respuesta en la oración. Aún Cecil B. DeMill, el productor y director de cine y de la famosa película *Los diez mandamientos*, la segunda más taquillera de la historia, de quien no tenemos ninguna evidencia de que haya caminado con Dios, dijo: "He encontrado que el poder más grande en el mundo es el poder de la oración". Es increíble que aun aquellos que no conocen a Dios reconozcan que no hay poder más grande que aquel que Dios otorga en el cuarto de oración secreta.

Es así la oración el secreto de todo avivamiento, porque al escudriñar el corazón de Dios encontraremos que eso es lo que está en su corazón. Quien ora por el avivamiento estará siempre orando conforme a su corazón.

# CAPÍTULO IV

# EL SECRETO DE TODO AVIVAMIENTO

Todos los avivamientos que el mundo ha visto tienen su fundamento en la oración. Una oración de clamor en donde el ser mismo se consume en un anhelo de la presencia de Dios. Una petición se distingue: que el Señor salve a los perdidos, que sea vuelto el corazón de todo hombre y toda mujer al Creador.

Algunos puedan pensar que vivimos los peores tiempos de la historia, pero han existido tiempos aún peores, tiempos en donde la "palabra de Dios escaseaba" (1 S. 3:1), tiempos de gran apostasía espiritual y en que cada quien hacía lo que bien le parecía. Pero Dios ha levantado a sus Samueles, gente que ora con profundidad, gente que Dios mismo ha reconocido como grandes intercesores (Jer. 15:1) y que han levantado el sentir hacia Dios de naciones enteras.

JOHN KNOX—POR WILLIAM HOLL

## Los protagonistas del avivamiento

Dios ha usado a personas como Martín Lutero, Jonathan Edwards, George Whitefield, Gilbert Tennent, James Mcgready, D.L. Moody, William y Catherine Booth, Billy Sunday, William Seymour, Bill Bright, Billy Graham, Charles Finney, T.L. Osborn, Yiye Ávila, Evans Roberts, Derek Prince, Carlos Anacondia y muchos otros. Dios ha estado transformando naciones enteras como Argentina, Brasil, Ghana, Nigeria, Corea, etc., debido a gente que se une para orar. Las historias de todos los avivamientos son las mismas, Dios levanta gente que clama y gime por las almas. Personas de todas las nacionalidades y lenguajes que ruegan al Padre que el Espíritu Santo descienda con poder para provocar un hambre por Dios.

Gente que se despoja de todo egoísmo, avaricia, envidia, celos y todo mal deseo y deja que el amor de Dios inunde sus corazones.

## El gran reformador que amaba la oración

**John Knox (1514-1572)** hizo esta oración climática, "Dame Escocia o me muero". Un hombre que creía en el poder del evangelio. No precisamente en el poder de su predicación o el poder de la oración misma, sino en el poder del evangelio para cambiar y transformar vidas. Solo y abandonado, incomprendido por su generación. Fue encarcelado y aun esclavizado, pero aun en sus luchas más intensas fue capaz de decir, "Un hombre con Dios es siempre mayoría". Siendo un hombre común y sin poder alguno desde el punto de vista humano, su vida de oración y de los milagros producidos por ella, fueron reconocidos aun por la misma reina católica María de Escocia, que inmortalizó la frase: "Temo más a las oraciones de John Knox que a todos los ejércitos de Europa juntos". En su tiempo fue capaz no sólo de ser pastor y un hombre religioso, sino logró que la nación entera fuera sacudida por el poder de Dios. John Knox una vez dijo que el secreto para la gracia, la fuerza, la sabiduría y el poder necesarios para realizar los deberes del llamamiento de cada uno es la oración.

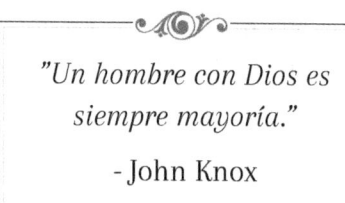

"Un hombre con Dios es siempre mayoría."

- John Knox

Su vida de oración fue la clave para que fuera lleno del Espíritu Santo y para estar dispuesto, sin temer a hombre alguno, a luchar contra corriente. Su lucha fue contra la apatía por la búsqueda de Dios, por la profunda decadencia de la doctrina bíblica. Dios escuchó las oraciones de Knox y la reforma protestante tuvo éxito, no sólo en Escocia, sino en gran parte de Europa, y fue también el inicio de un gran despertamiento espiritual en el mundo entero.

## El gran despertamiento espiritual del siglo XVIII

Un avivamiento se caracteriza por el intercambio de los rituales y ceremonias apáticas para dar lugar a un sentimiento personal de culpabilidad y arrepentimiento del pecado y un deseo intenso de redención. Un anhelo por apartarse de todo mal camino, y de la indiferencia religiosa para concentrarse en la búsqueda intensa del rostro de Dios y su poder. Se distingue por encontrar, en la presencia de Dios, el único camino para establecer un nuevo estándar de santidad. La relación con Dios es renovada y ningún esfuerzo por servirle es escatimado. El modo de pensar es nuevo, las actitudes y los hábitos son totalmente revolucionados, y para ello no existe explicación científica que pueda satisfacer la razón humana, simplemente se trata de la mano poderosa de Dios.

El siglo XVIII podría ser similar al nuestro en algunos aspectos importantes. El inicio de la revolución industrial, el nacimiento de muchas universidades en Europa y en Estados Unidos y la persecución asidua de las riquezas materiales, fueron algunos de los distintivos que marcaron las décadas posteriores a la primera mitad del siglo XVIII. De esta manera, en nuestros días la ciencia proveniente de las universidades está entronada, y el materialismo y la inmoralidad disfrazada de "derechos humanos" son enfermedades que hacen presa de muchas sociedades. Sin embargo, Dios tiene su despertamiento, y éste vendrá de la manera que vinieron los anteriores, mediante la oración. Veamos ahora brevemente la vida de algunos de estos héroes de oración que fueron instrumentos de Dios para desatar un sacudimiento espiritual que condujo a la salvación de cientos de miles de personas.

**Jonathan Edwards (1703-1758)** fue un gran teólogo, escritor, maestro, autor, y frecuentemente llamado, según

Jonathan Edwards

Michael A.G. Hayking, en su libro *A sweet Flame: piety and letters of Jonathan Edwards*, el último puritano. Un hombre de gran dedicación a la oración; tanto, que Peter Beck le llama "El teólogo de la oración".

Aunque nacido en un hogar de padres que pasaban mucho tiempo orando, no fue sino hasta su juventud que él experimentara el nuevo nacimiento y así él escribió: "Mi mente está firmemente apegada a las cosas divinas, casi perpetuamente en contemplación de ellas. Yo dedico la mayor parte del tiempo a pensar en las cosas divinas… frecuentemente camino a solas en el bosque, para meditar, en soliloquios y oraciones. Converso con Dios; y esta era [es] casi siempre la manera de cantar mis contemplaciones. Casi siempre estoy en oración, independientemente de donde esté". Es así como él logró decir en otra ocasión: "La oración parecía ser tan natural para mí, como un aliento por el cual las llamas internas de mi corazón tenía ventilación". Uno de sus biógrafos, George Marsden, declara: "Edward usualmente se levantaba a las cuatro o cinco de la mañana, con la meta de permanecer hasta trece horas en su estudio… Él comenzaba el día con oraciones privadas seguidas por oraciones con su familia, a la luz de las velas en invierno. Cada comida era acompañada por devocionales en casa, y al final del día Sarah, [su esposa], se le unía para orar. Jonathan mantenía en secreto sus oraciones, siguiendo la orden del Señor de hacerlo así. Y durante todo el día siempre tenía la meta de permanecer en constante conciencia de la presencia de Dios, aún lo difícil que pudiera ser. En muchas ocasiones el agregaba ayuno a sus devocionales, y esto también lo hacía en secreto".

La vida de Jonathan Edwards, y todo su trabajo han sido una bendición e inspiración para millones de personas hasta nuestros días. Una vez más se cumple lo que dijo Jesús: "Tu Padre que ve en secreto, te recompensará en público".

Uno de los sermones más famosos de Jonathan fue: "Pecadores en manos de un Dios airado". Él escribió su sermón y lo leyó delante de una gran congregación. Pero, aun antes de terminar su sermón, la gente estaba desesperada por pasar al altar, desplomada delante de la presencia del Señor en arrepentimiento y rendición completa.

Edwards no tomó el pulpito sin antes ser graduado de Yale y fue un poderoso apologista de la teología reformada, la cual enfatiza la soberanía de Dios, la total depravación humana, la realidad del infierno y la necesidad de un "nuevo nacimiento" o conversión. Peter Miller, el gran expositor de la mente Novo inglesa (New England) y fundador de la edición Yale de las obras de Jonathan Edwards, le describe como el primero y más grande filosofo americano de cosecha propia; y con una inteligencia al nivel de Ralph Waldo Emerson, Herman Melville o incluso Mark Twain.

El hombre que decía, "muy frecuentemente me retiro a lugares solitarios, sobre los bancos del rio Hudson, a cierta distancia de la ciudad, para contemplación sobre las cosas divinas y conversar secretamente con Dios; y tuve muchas horas dulces ahí", también poseía un intelecto iluminado; un razonamiento coherente y un coeficiente intelectual superior. Esto nos demuestra una vez más que mantener una vida de oración no nos priva del ejercicio intelectual, pero el mero ejercicio intelectual, aun y este sea al estudiar las Escrituras, sin oración, resultará en ceguera espiritual y la muerte eterna.

La oración era parte natural de la vida de Jonathan, tanto que en su mente no podía concebir que existieran personas que pensaran de sí mismas ser hijos de Dios, pero que no la practicaban, al respecto él dice: "Yo exhortaría a aquellos que han albergado la esperanza de ser verdaderos conversos, pero que desde su supuesta conversión han dejado el deber de la oración secreta, omitiéndola así de su vida... Si has dejado de invocar a Dios, es hora de que dejes de esperar y halagarte con la imaginación de que eres hijo de Dios". (Edwards, "Hipócritas deficientes en el deber de la oración", en *Works*, 2:74).

La vida de oración fue clave en el despertamiento espiritual, él no se conformó con leer sobre la oración, él entendió el secreto del avivamiento. Como dijo Paul E. Billheimer, "A Satanás no le interesa que tanta gente lea acerca de la oración en tanto pueda mantenerles sin orar".

> "A Satanás no le interesa que tanta gente lea acerca de la oración en tanto pueda mantenerles sin orar."
>
> - Paul E. Billheimer

Cuando un justo ora por el avivamiento, dijo Chinnababu, "El cielo se deleita y el infierno se deprime".

## Cuando la iglesia ora

*Satanás tiembla cuando ve el más debilucho de
los santos sobre sus rodillas*
– William Cowper

En nuestros días existe una fiebre por encontrar las formas del crecimiento de la iglesia, sin muchas veces importar los medios. Un crecimiento sin oración es un crecimiento falso, que nace de motivos distintos al verdadero arrepentimiento y fe, requisitos indispensables para una verdadera conversión.

Respecto a ello, E.M. Bounds dice: "Mientras la iglesia está buscando mejores métodos, Dios está buscando mejores hombres, el Espíritu Santo no fluye mediante métodos, pero mediante hombres, Él no se derrama sobre una maquinaria, sino sobre hombres. No existen planes ungidos sino hombres y mujeres ungidos".

Por su parte Leonardo Ravenhill dice que "Estados Unidos será un lugar donde o aprendemos a concentrarnos en la oración u oraremos en los campos de concentración". Cierto es que si la iglesia no ora, la maldad continuará avanzando. Nuestra lucha no es contra carne y sangre, dice Dios, "sino contra principados, contra potestades, contra gobernadores de las tinieblas de este siglo, contra huestes espirituales de maldad en las regiones celestes" (Ef. 6:12).

No hay forma de que podamos sustituir la oración. Ni con predicación, ni con estudios bíblicos, ni con programas, ni reuniones sociales, nada puede sustituir nuestra comunión con Dios. Cuando un pastor y una iglesia no creen realmente en la necesidad de orar siempre y no desmayar (Lc. 18:1), su destino está simplemente marcado: el fracaso.

Por el otro lado, dijo Andrew Murray, "El hombre que moviliza a la iglesia a orar hará la más grande contribución a la evangelización del mundo en la historia".

R.A. Torrey también dijo: "Cuando el diablo ve un hombre o una mujer quien realmente cree en la oración, quien sabe cómo orar, y quien realmente ora, y sobre todo cuando él ve a toda una iglesia sobre su rostro ante Dios en oración, él tiembla tanto como nunca lo hizo, porque sabe que su día en esa iglesia o comunidad ha llegado a su fin".

Saber cómo orar es también esencial para todo cristiano, sin embargo, este tema lo abordo más extensamente en otro libro. En la siguiente sección hablaremos del tema del deleite de la oración privada.

# CAPÍTULO V

# EL DELEITE DE DIOS Y DE TODO AQUEL QUE CAMINA CON ÉL

*Deléitate asimismo en Jehová, y él te concederá las peticiones de tu corazón*
(Sal. 37:4)

Ciertamente Dios quiere que tengamos deleite en esta tierra. La vida es maravillosa para quien sabe vivirla, para quien encuentra las razones correctas de vivir. Para quien aprovecha lo que está delante de sus ojos para disfrutar su tiempo, con tal que sea en el Señor.

David escribe por el Espíritu, "Ciertamente hay galardón para el justo" (Sal. 58:1), y Salomón, —al hablar del gozo de Dios— "la oración de los rectos es su gozo" (Prov. 15:8). También nos dice otro salmo: "en su presencia hay plenitud de gozo; Delicias a tu diestra para siempre" (Sal. 16:11). Es decir, la Biblia nos revela que en la oración, tanto Dios como el hombre encuentran gran placer.

Phoebe Worrall Palmer

Si bien es verdad que hay ocasiones que la oración es una lucha intensa, así como Jesús, cuando oró en el Getsemaní; o un grito de angustia, como cuando Josafat en medio de la batalla clamó a Dios (2 Cr. 18:11); o una melancolía, que más parece un soliloquio, tal David al decir, "soy como pájaro solitario sobre el tejado" (Sal. 102:7). Sin embargo, por norma general, la oración es un deleite, es un dulce eco de paz que inunda toda el alma y un gozo verdadero que no tiene comparativo con ninguno de los deleites que el mundo ofrece.

## Dios concedió las peticiones
## de una mujer que se deleitó en Él

**Phoebe Palmer (1807-1874)** fue una evangelista y escritora considerara una de las fundadoras del Movimiento de Santidad en Estados Unidos y el Movimiento de Vida Superior (Higher Life) en el Reino Unido. Phoebe fue hija de un padre metodista devoto llamado Henry Worrall, quien le ayudó a que desde su temprana edad tuviera un encuentro con el Señor Jesucristo. Pasado el tiempo se casó con un devoto metodista también, y ambos se interesaron en los escritos de Juan Wesley en relación a la Perfección Cristiana –una doctrina que dicta que el ser humano, mediante el poder del Espíritu Santo, puede vivir una vida libre de pecados graves. En 1835, Palmer se convirtió en la líder de un grupo de mujeres que se reunían para orar. Estas reuniones de oración fueron tan exitosas que luego, en 1839, admitieron también a varones, pastores y gente prominente en el metodismo de aquel tiempo tales como Edmund S. James, Leonidas Lent Hamline, Jesse T. Peck y Matthew Simpson, quienes empezaron a asistir y a interesarse en una renovación de la santidad por todo el país.

El 27 de Julio de 1837 ella escribía en su diario: "La noche pasada, entre las ocho y nueve, mi corazón fue vaciado totalmente de mi misma, y limpiada de todo ídolo, de toda la contaminación de alma y espíritu, y me di cuenta que estaba sumergida en Dios y sentí que Él era la porción de mi alma, mi todo en todo".

En un tiempo en la historia que existían graves prejuicios en cuanto al ministerio de la mujer, ella desafió a su generación con el poder de Dios en respuesta a la oración y a una vida totalmente consagrada al Señor. Escribió varios libros que todavía son una joya del pensamiento bíblico y se estima que en su vida llevó a más de 25.000 personas a los pies de Cristo.

Su vida sirvió de inspiración para personas tan prominentes como Fanny Crosby (la gran compositora) y Catherine Booth (co-fundadora del Ejército de Salvación); y propició el nacimiento de algunas denominaciones cristianas importantes tales como, la Iglesia del Nazareno, la Iglesia de Dios, el Ejército de Salvación y la Iglesia Santidad Pentecostal.

Es así como Phoebe Palmer se convirtió en una heroína para nosotros y un ejemplo de oración para todas las generaciones venideras. Ella encontró gozo en el Señor y Él fue para ella su todo en todo. ¿Es el Señor Jesús y su Espíritu nuestro todo en todo? ¿Es nuestro Padre celestial aquel que puede decir: Este es mi hijo amado en quien me complazco y deleito?

## HAMBRE DE DIOS

*Un hombre puede estudiar porque su cerebro está hambriento de conocimiento, aun del conocimiento bíblico. Pero él ora porque su alma está hambrienta de Dios*
– Leonard Ravenhill

**Juan Bunyan (1628-1688)** fue uno de esos hombres que vivió con una intensa hambre de Dios. Él se describe a sí mismo como aquel Sansón que se deleitó con la miel del león (Jue. 14). Nace en Bedford, Inglaterra, su padre era un calderero quien recorría los pueblos circunvecinos para reparar ollas y sartenes, aunque su abuelo había sido un comerciante a pequeña escala. Fue natural que él aprendiera el oficio de su padre y desde su temprana edad se dedicó al trabajo recibiendo muy poca educación formal.

En 1644, cuando Juan tenía tan solo 16 años, sufrió la muerte (de un solo golpe) de su hermana Margaret y su madre, y fue en ese mismo año que fue enlistado como uno de los soldados reclutados por las fuerzas armadas del parlamento, para pelear en la Guerra Civil Inglesa (1642-1651). Estuvo tres años ahí, en una ciudad llamada Newport Pagnell, ubicada a 15 millas de Bedford. Esa experiencia trajo a él un ambiente nocivo para su alma, sin embargo, al mismo tiempo le sirvió para que aprendiese el lenguaje militar que luego aplicó en su obra *The Holy War*

Juan Bunyan—por Bradley y William Garretson

(La guerra santa). Luego, regresó a Bedford en donde encontró que su padre se había vuelto a casar y él mismo contrajo matrimonio dos años después de haber dejado el ejército. Se casó con una chica piadosa cuyo nombre se desconoce, aunque se especula se llamó María, esto a juicio del nombre de la primera hija producto de esa unión, –quien sabemos se llamó María– , la cual por cierto nació ciega.

Al casarse, Juan fue grandemente influenciado por dos libros que su esposa había heredado de su padre –aunque aparentemente nada más que eso–, uno se llamó, *Plain Man's Pathway* (El camino del hombre sencillo) escrito por Arthur Dent y otro, *Practice of Piety* (Práctica de piedad) por Lewis Bayly. Luego, por la tarde de un domingo, tras escuchar un sermón que hablaba de lo malo que era quebrantar el día del Señor, él, mientras jugaba con otros, escuchó una voz del cielo diciéndole, "¿dejarás tus pecados e irás al cielo o continuarás en ellos e irás al infierno?"

Bunyan fue atormentado por varios días con esas palabras, y con terribles visiones acerca de la condición de su alma, finalmente, se rindió al Señor, convirtiéndose en un seguro y entusiasta seguidor de Jesucristo. Se bautizó en 1653 y, luego de convertirse en diácono de la iglesia a la que asistía, una iglesia bautista de Bedford, empezó a predicar en 1655. Durante ese tiempo también empezó a escribir y en 1656 sacó a la luz pública su primer libro titulado, *Gospel Truths Opened* (Verdades del evangelio expuestas).

La restauración de la monarquía en 1660 trajo consigo la intolerancia religiosa, y luego de sorprender a Bunyan predicando en un poblado cercano a Bedford, fue tomado preso bajo el cargo de predicar sin licencia. En la cárcel estuvo 12 años, trayendo gran angustia, no sólo para él mismo sino para su familia, esposa e hijos, quienes tuvieron que vivir de la caridad para poder sostenerse.

En la cárcel Bunyan empezó a escribir su famoso libro *El progreso del peregrino* y una autobiografía completa, *Grace Abundant to the Chief of Sinners* (Gracia abundante al primero de los pecadores), publicada en 1666 y considerada una de las autobiografías espirituales más interesantes de todos los tiempos. Bunyan permaneció en la cárcel hasta la declaración de indulgencia otorgada por Carlos II rey de Inglaterra.

Luego de su liberación, Juan Bunyan estuvo dedicado por entero a predicar y a escribir, pero luego, en 1676 fue encarcelado de nuevo por seis meses. Se cree que fue en este segundo período de encarcelamiento cuando terminó de escribir *El progreso del peregrino*.

Así, este alto y pelirrojo varón, con nariz respingada y prominente, con boca amplísima, ojos brillantes y no más erudición sino en lo concerniente a las Sagradas Escrituras, su *King James Bible*, había escrito el segundo libro en idioma inglés más leído del mundo. Una obra que ya para 1930, 250 años después de su muerte, había alcanzado la cifra de 1300 ediciones.

También escribió otras obras de gran importancia tales como *The Life and Death of Mr. Badman* (La vida y la muerte del señor Hombre-malo), *The Holy War* (La guerra santa), por supuesto, su autobiografía y cerca de otras sesenta obras que corresponden a sermones ampliados. Murió en 1688, al ser invadido por una fiebre intensa resultado de un resfriado que pescó al empaparse, por largo tiempo, bajo una tormenta en su viaje de regreso de Londres a casa.

Puritano en su doctrina, Benjamín Ifor Evans, el catedrático de literatura inglesa y escritor inglés (1899-1982), le califica de esta manera, "fue un hombre dotado de gran capacidad para el detalle y la anécdota, para la descripción de ambientes y la creación de diálogos…"

Su hambre de Dios, y su vida de oración profunda le hizo escribir, "Cuando ores, permite que tu corazón sea sin palabras antes que tus palabras sin corazón". Fue también él quien escribió, "[la oración] es lo que abre el corazón de Dios, y el medio por el que el alma vacía se llena. Mediante la oración el hombre puede abrir su corazón a Dios como hacia un amigo, y obtener un fresco testimonio de la amistad de Dios hacia él".

Él rechazó el Libro de Oraciones (rezos) que imperaba en su tiempo, diciendo que tal libro estaba prohibido por la Biblia, pues se trataba de "vanas repeticiones" y consideraba que aún la oración del Padre Nuestro sería una blasfemia si se pronunciaba sin un espíritu de entendimiento. Él también predicaba, como lo creían la mayoría de los Puritanos, que "la oración es verdadera oración cuando está dentro del ámbito de la Palabra de Dios, y es blasfemia, o a lo más un vano balbuceo, si no está relacionada con ella".

## La oración: deleite del que no se puede prescindir

De muchos deleites podemos abstenernos, y es claro que de los deleites que nos privan de Dios debemos mantenerlos lejos, pero ningún hombre o mujer podrá vivir sin el deleite de la oración.

En una ocasión dijo Martin Luther King, Jr. "Ser cristiano sin orar no es más posible que vivir sin respirar". Y si el respirar es un privilegio, necesidad y gozo, así lo es también la oración. "Ningún hombre es mayor que su vida de oración", dijo Leonardo Ravenhill, y podemos decir que quien no se deleite en la oración no sólo se está cerrando las puertas de las más grandes bendiciones de Dios, sino que su propia eternidad está en juego.

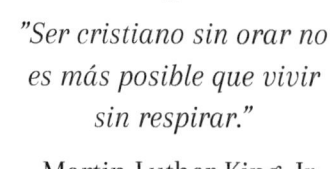

*"Ser cristiano sin orar no es más posible que vivir sin respirar."*

- Martin Luther King, Jr.

Y es una enorme bendición y deleite porque en la oración nosotros echamos nuestra ansiedad sobre Él, pues Él tiene cuidado de nosotros (1 P. 5:7). En la oración descansamos, pero también luchamos. Jacob luchó con Dios y venció (Gn. 32:28). Nosotros también luchamos y vencemos, y nuestras vidas son edificadas y fortalecidas en Dios (1 S. 30:6). Cuando esto sucede, el Señor pone a nuestros pies el cuello de nuestros enemigos espirituales. Es entonces cuando nos alegramos en Él.

Pues es natural que en la vida tengamos aflicciones, lo profetizó Cristo mismo (Jn. 16:33). También dijo Billy Graham en cierta ocasión, "La vida cristiana no es estar constantemente en las alturas. Yo tengo mis momentos de desánimo. Tengo que ir a Dios en oración con lágrimas en mis ojos, y digo, 'Oh Dios, perdóname' o 'ayúdame'". Pero ciertamente, Dios nos ayuda. Él no dejará a ninguno de los suyos y dará paz y gozo a sus corazones, pues de eso precisamente se trata el reino de Dios.

Y Jacob luchó hasta el alba. No podía conformarse a unos cuantos minutos de lucha, tenía que seguir luchando hasta vencer. Él dijo: "no te dejaré, si no me bendices" (Gn. 32:26). Así también nosotros no podemos confinar la vida de oración a unos cuantos minutos rutinarios y mecánicos, producto únicamente de un quehacer meramente religioso. En el siguiente capítulo estaremos hablando de la importancia de orar lo suficiente para alcanzar las bendiciones de Dios.

# CAPÍTULO VI

# ¿NO HABÉIS PODIDO ORAR CONMIGO UNA HORA?

*Si fallo en orar dos horas cada mañana, el diablo obtiene la victoria durante el día. Tengo muchos quehaceres y no podría llevarlos adelante si no invierto tres horas en oración*
- Martin Lutero

Algunos argumentan que les gustaría orar pero son demasiado ocupados. Esto por supuesto implica primero, que los que oran –en juicio de lo que dicen esto–, son personas desocupadas que oran "porque no tienen algo mejor que hacer", y segundo, que la oración no es algo realmente importante. Sin embargo, estos pensamientos están totalmente equivocados. No importa que tan ocupados estemos, siempre tendremos tiempo para aquello que consideramos importante. El dicho de Lutero lo dice elocuentemente, orar suficiente tiempo es realmente la actividad más importante del día y de la que depende el resto de nuestras actividades.

El poeta, orador y sacerdote inglés del siglo XVII George Herbert dijo en relación a la oración, "La oración debe ser la llave que abre el día y la cerradura que se cierra en la noche". Y esto es una gran verdad, la oración debería ser, en todo cristiano, la primera y última de sus actividades. La primera, y quizá la más larga, para encomendarse al Señor durante el día, y al final, por la noche, antes de ir a la cama, para encomendar su tiempo de inconciencia y un descanso reparador al Señor. No sabemos si despertaremos a un nuevo día, pero "el ángel de Jehová acampa alrededor de los que le temen, Y los defiende" (Sal. 34:7).

>
> "La oración debe ser la llave que abre el día y la cerradura que se cierra en la noche."
>
> - George Herbert

Hudson Taylor, el gran misionero del que hablamos ya dijo también: "No trabajes demasiado duro para Cristo, que no te quede fuerza para orar, porque orar requiere fuerza". Lo que Hudson Taylor dice nos recuerda, que aún si lo que hacemos es una labor ministerial, ésta tampoco es más importante que nuestra vida de oración. Por otro lado, también el comentario de Taylor nos enseña que la oración es un trabajo que requiere gran concentración y fuerza. No es simplemente un descanso, aunque descansamos en el espíritu, pero es un trabajo físico y mental que requiere fortaleza, por ello la primera oración, la matutina es la más esencial de nuestro día.

## El trabajo de un intercesor

La oración es también un trabajo y la intercesión es parte muy importante de este trabajo maravilloso. En necesario que nuestra oración incluya intercesión. De esto hablo más ampliamente en mi libro *Los Cinco temas de la oración de Cristo*, pero básteme por ahora narrar la vida de Rees Howell y otros –mencionados en este apartado– para inspirarnos en las vidas de personas que han dedicado mucho tiempo a la oración por otros y han sido grandemente bendecidos.

**Rees Howells** nació en octubre de 1879 en Gales, Reino Unido. Dejó a los 12 años la escuela para dedicarse a trabajar en un molino de estaño de la localidad. Ahí pasó diez años de su vida, trabajando 12 horas diarias. Luego, cumplidos los 22 años, y movido por la ambición, emigró a los Estados Unidos para trabajar y ganar dinero, pues "lo que en Estados Unidos se obtenía en un día de trabajo, era lo del trabajo de una semana en Gales". Siendo un muchacho bien portado, parecía que no necesitaba ser salvo, pero un día, al leer un libro escrito por Henry Drummond, y cuando éste mencionaba la definición de Herbert Spencer sobre la palabra *vida,* él se dio cuenta que no tenía vida espiritualmente. Spencer decía, "vida es correspondencia, y el día que no haya correspondencia, entonces estoy muerto". Entonces se empezó a preguntar, ¿realmente yo tengo correspondencia con Dios? ¿Qué tan real es para mí? Mientras tanto, las palabras que años atrás uno de sus primos le

Rees Howells

citaba resonaban en su corazón: "A no ser que un hombre nazca de nuevo, no puede ver el reino de Dios." Entonces se dijo, "Yo creía en el Salvador, pero sabía una cosa: no era nacido de Él. En cuanto a tener correspondencia con el medio ambiente del Salvador, yo era un hombre muerto, estaba fuera del reino al cual toda mi vida buena y mi religión nunca me habían capacitado para entrar. Estaba afuera, y aunque no era un borracho o un ladrón, estaba fuera porque no tenía correspondencia con Dios". Este pensamiento fue lo que lo guio a su conversión.

Con el tiempo, y después de ser testigo del avivamiento de Gales en 1904, Rees se convirtió en un gran intercesor. Un hombre que oró muchas horas diariamente presentando peticiones de otras personas delante del trono de Dios. Muchos milagros tuvieron lugar en su vida en respuesta a la oración. El avivamiento de Gales había marcado la pauta: todo avivamiento comienza y es movido adelante a través de mucha oración. Rees supo entender el trabajo maravilloso del Espíritu Santo en la vida del creyente y de su mover; y al tomar en serio a Dios, grandes milagros de sanidad divina y muchos otros relacionados con lo material, tuvieron lugar bajo su ministerio.

Quizá una de las más impresionantes respuestas a la oración que Rees jamás experimentara en su vida fue en el tiempo de la segunda guerra mundial. Rees y los estudiantes del instituto bíblico que él y su esposa fundaron en Gales, oraron por los ataques de Hitler sobre Inglaterra y en general sobre el establecimiento de la paz en la segunda guerra mundial. Oraron por la batalla en que Hitler quiso doblegar a Inglaterra mediante un bombardeo a gran escala, que el Señor no permitiera la victoria alemana. Era el 15 de Septiembre de 1940 y Wilson Churchill escribía en su diario de guerra que en el momento exacto en que las reservas se habían terminado, los Nazis, la *Luftwaffe* (fuerza aérea nazi) empezó a retirarse. ¿Qué explicación existe a esto? ¡Los nazis tenían a los ingleses en su mano, pero en ese momento se retiraban! Ante esto, una sola respuesta prevalece: Dios había respondido la oración.

Luego Rees oraba, "Señor, haz que los alemanes se retiren al mediterráneo, y seis meses después Hitler declaró la guerra a Yugoslavia y Grecia seguido por la invasión de Creta y el norte de África, descontinuando su interés de seguir bombardeando Inglaterra. Finalmente, una oración todavía mayor: Dios puso en el corazón de Rees Howells orar que Él hiciera que Hitler dirigiera su mirada a Rusia. Siete semanas después, el 22 de junio de 1941, el milagro ocurrió, Hitler inició su invasión a la Unión Soviética, lo cual fue el acto más insensato que Hitler jamás hiciera. La decisión que a juicio de muchos, marcó la derrota final de Alemania. Dios había contestado la oración de su siervo.

> *"Puedes vivir en medio de una multitud, pero te encuentras a Dios y a la eternidad sólo."*
>
> - Rees Howells

Rees Howells, el hombre que literalmente dedicaba decenas de horas a la oración cada semana para interceder por otros, escribió: "Puedes vivir en medio de una multitud, pero te encuentras a Dios y a la eternidad sólo". Un día el Señor nos demandará la sangre de los que estuvieron a nuestro alrededor, y nos reclamará, "¿por qué no tuviste compasión por ellos? ¿Por qué no clamaste a mí por los que conociste? ¿Por qué no hiciste vallado y te pusiste en la brecha por ellos?"

## LA DUELA QUE TUVO LAS HUELLAS DE UNAS RODILLAS

**Edward Payson (1790- 1840)** de Portland, Maine. Aunque pocos conocen a Edward Payson, él fue bien conocido en la primera mitad del siglo IXX.

Nacido en Rindge, New Hampshire, y siendo por naturaleza una persona muy inteligente y un ávido lector, se graduó de la Universidad de Harvard a los 20 años. Poco después, cuando había cumplido los 21, tras recibir una fuerte impresión por la muerte de su hermano, vino a los pies de Cristo, reconociendo su condición de pecador e implorando el perdón y la misericordia de Dios. Casi inmediatamente después de haber aceptado al Señor Jesucristo en su vida, Payson inició una intensa vida de oración y estudio profundo de las Escrituras. En su tiempo recibió mucha inspiración de hombres como Jonathan Edwards, cuyos libros fueron para él alimento sustancioso para el alma.

Tanto pudo desarrollar su vida de oración, que E.M. Bounds, en la biografía que escribió de él, dice lo siguiente:

Edward Payson

"Él estudió teología sobre sus rodillas. Gran parte de su tiempo lo pasó literalmente postrado, con la Biblia abierta ante él, suplicando las promesas".

Tuvo Payson la perfecta impresión de que una persona es realmente convertida hasta que muestra frutos de una vida espiritual, por lo que él no consideró a ninguno convertido hasta que éste mostraba evidentes signos de un cambio de vida real, y una vida permanentemente unida a Cristo. Por tanto, como pastor de la Iglesia Congregacional de Portland, no admitía a ninguno a la mesa del Señor sin estar perfectamente seguro de que esta persona fuera salva. Así, a través de su oración, su predicación y testimonio se convirtió en un poderoso ganador de almas y durante sus 20 años de su ministerio recibió más de 700 nuevos convertidos.

Definitivamente Edward Payson tuvo un ministerio exitoso, pero ¿cuál fue el secreto de este éxito? Su secreto fue la oración. Tanta fue su vida de oración, que sus biógrafos constatan que aun cierta área al lado de su cama tenía las huellas de sus rodillas. Él fue capaz de mantener la disciplina de la oración y el estudio asiduo de las Escrituras y ninguna tarea de consejería o administración distrajo lo que él consideró sus tareas primarias como ministro de Jesucristo.

## EL FRUTO DE UNA VIDA DE MUCHA ORACIÓN

**William Bramwell (1759-1818)**, fue un ferviente metodista que se convirtió en un emblema de avivamiento y santidad en el metodismo. Él continuó el trabajo de la vida de Juan

WILLIAM BRAMWELL

Wesley, quien, tras su muerte en 1791, y por cerca de tres décadas, tuvo un liderazgo marcado por el énfasis en la oración ferviente, poderosa predicación, incansable cuidado pastoral de los conversos y lo que Juan Wesley denominó, "santidad bíblica". Bramwell pudo enumerar una larga lista de oraciones contestadas y los demás pudieron ver en él un éxito notable como predicador. Su secreto fue simple: dedicaba mucho tiempo a la oración. Él oraba hasta cuatro horas diariamente en una sola vez, y así, luego de salir del cuarto de oración, predicaba la Palabra con una unción y un fuego tremendo.

Al principio, teniendo poco tiempo de ser convertido, Bramwell luchaba con la idea de si era llamado por Dios o no a un ministerio de tiempo completo, y al menos en una ocasión, dedicó 36 horas en oración buscando la voluntad de Dios al respecto. La convicción que este joven recibió de Dios, quien ya predicaba tan fervientemente que muchos nuevos convertidos se añadía al pueblo de Dios, fue confirmada cuando Juan Wesley le llamó para una vacante de liderazgo en el circuito de Liverpool en 1785. Sin embargo, aunque su predicación era donde quiera bastante apreciada, estuvo convencido de que Dios le había llamado a ser predicador itinerante. Por lo que su dedicación a Dios fue sin titubear: él iba a cualquier lugar en donde tuviera convicción de que Dios le llamaba, sin importar circunstancia, o amistad o miedo de dificultades financieras.

Así, después de estar algunos meses predicando sólo en Liverpool, en ese mismo año, se mudó a Canterbury e inició un ministerio de 33 años como un predicador itinerante entre los catorce circulitos de los Metodistas wesleyanos. Su ministerio de avivamiento ha sido comparado con el de Jonathan Edwards en el despertamiento espiritual de New England (Estados Unidos, en los 1730´s) o el de George Whitefield en Cambuslang, Reino Unido en los 1740´s.

Por todo lo que hemos dicho hasta ahora, es realmente una insensatez pensar que alguno está "orando demasiado", pues todas las personas que han dedicado muchas horas a orar a Dios con el corazón, han sido personas de gran éxito sobre la tierra.

Ahora bien, cuando una persona ora, recibe revelación de Dios. En el siguiente capítulo veremos que una persona que ora a Dios con persistencia, eventualmente escuchará la voz de Dios. Y cuando la voz de Dios llega, todo está resuelto.

# CAPÍTULO VII

# LA VOZ DE DIOS

Cuando Dios habla el tiempo se detiene, la creación toda queda atenta, expectante, temerosa; se trata del Creador y gobernante de todo. Del que no muda ni envejece. La voz de la inteligencia y sabiduría perfecta, la voz cuerda, infinita, intrascendente. Cualquier voz puede ser ignorada, pero la voz de potentísima autoridad de Dios tiene que ser escuchada, no siempre obedecida, pero siempre irresistible.

Los israelitas escuchaban la voz de Dios de lejos, no podían acercarse al monte, "porque todo el monte Sinaí humeaba, porque Jehová había descendido sobre él en fuego; y humo subía como el humo de un horno, y todo el monte se estremecía en gran manera" (Ex. 19:18).

Cuando Dios habla se funda el mundo, el universo es constituido (Heb. 11:3); y dijo Dios, "sea la luz y fue la luz" (Gn. 1: 3). La voz de Dios estuvo en el huerto, advirtió al primer homicida, luego le condenó con compasión

(Gn. 4). La voz de Dios se escuchó en el cielo, cuando descendió para ver lo que hacían los hijos de los hombres en Babel (Gn.11), y luego cuando quiso dar nacimiento a la nación de Israel de la simiente de Abraham (Gn. 12).

La voz de Dios es antes que la de cualquiera de sus creaturas, la que crea y abre cualquier puerta. Porque Él tiene la llave de David, tan sólo Él abre, es el Alfa. El principio y arquetipo de todo. Luego también lo cierra todo. Él es el Omega, el fin del tiempo y espacio, de todo pensamiento y existencia. Su Palabra crea y destruye, aniquila o restaura, la voz de Dios es Dios mismo. Es Jesucristo, el verbo de Dios.

En la oración nosotros tenemos el privilegio enorme de escuchar la voz de Dios. Nos puede hablar al corazón o nos susurra sus secretos al oído. Habló a Samuel, y puesto que este jovencito jamás antes le había escuchado, no entendía que era Dios. Creía que era Elí, pero era Dios. Luego que entendió, Dios le dio un mensaje que compartir. Salmos 25:14 nos dice: "La comunión íntima de Jehová es con los que le temen y a ellos hará conocer su pacto". Dios se comunica con los que oran... "he aquí él ora", le dijo Dios a Ananías, hablando de Pablo (Hch. 9:11). El propio Cornelio fue reconocido por Dios porque oró, "Tus oraciones y tus limosnas han subido para memoria delante de Dios" (Hch. 10:4).

## La voz de Dios mediante la oración y ayuno

**José Joaquín (Yiye) Ávila (1925-2013),** nació en Camuy, Puerto Rico. Sus padres estuvieron dedicados a la vida docente; y él, aunque inicialmente quiso estudiar medicina y tuvo éxito en sus estudios, no quiso continuar ese camino, sino que, habiendo alcanzado un título de bachiller en biología, se instaló en su pueblo natal, para trabajar como maestro de biología y química.

En esto estuvo durante 22 años, hasta el tiempo en que decidió dejarlo todo para seguir los planes de Dios. Su vida transcurrió bellamente, siendo un niño y joven de gran talento para la enseñanza y el deporte, poseía un don natural de gentes, y una amabilidad, y bondad en su trato, que ganaba el corazón de todo aquel que le conocía. Trabajaba en una escuela local y al mismo tiempo, en su tiempo libre, ejercitaba sus músculos en el gimnasio. Tuvo el sueño de obtener una medalla de oro en las olimpiadas. Se destacó en ello, ganó diversos eventos de fisiculturismo, y en 1952 compitió y ganó la competencia de "Mr. Puerto Rico". Luego se convertiría en el segundo finalista del título, "Mr. North America" en 1953.

Mientras estaba en los entrenamientos que le preparaban para los juegos olímpicos de 1956, Yiye experimentó algo inusitado, fuertes dolores invadieron su cuerpo. Fue entonces al médico, y sus temores fueron confirmados: tenía artritis crónica, y esto significaba el fin de su carrera como deportista.

Afligido en gran manera con la noticia. Fue a su cuarto y lloró. Recordó una vieja Biblia que alguna vez sus padres habían adquirido y la abrió. Ahí descubrió que Jesucristo sana a los enfermos. Entonces la cerró y oró así: "Dios,

JOSÉ JOAQUÍN (YIYE) ÁVILA

sáname". Entonces él escuchó la voz audible de Dios que le dijo: "Todavía no".

Espantado y temeroso por la voz que había escuchado, se interesó en gran manera por entender la Palabra de Dios. Sabía de un programa televisivo en donde un predicador carismático predicaba; entonces fue al televisor, le escuchó, y movido por el mensaje de salvación que éste proclamó con unción poderosa, de rodillas aceptó a Jesucristo como su salvador personal y Dios le sanó de su enfermedad aquel día.

Tiempo después, en 1962, luego de participar localmente en el ministerio por varios años, Dios abre las puertas para él y realiza su primera campaña internacional en Santo Domingo, República Dominicana. Dios pone en su corazón dedicarse de lleno a la predicación de la Palabra, y tras retirarse del magisterio secular en el año de 1967, se concentró totalmente en el ministerio evangelístico.

Habiendo sido llamado por Dios para orar y ayunar, dedicaba períodos largos de 7, 14 y hasta 21 días para estar en la presencia de Dios, y el Señor le hacía crecer en unción y gracia delante de Él. Más tarde, en 1972, entra en un ayuno prolongado de 41 días. Fue ahí en donde el Señor le visita y escucha la voz audible de Dios para dedicarse al evangelismo mundial. Él obedece, y al reponerse del ayuno, con otros cristianos, quienes también estuvieron dispuestos a dedicarse al ministerio tiempo completo con él, funda el "Escuadrón Relámpago Cristo Viene"; y en sus primeras tres campañas –posteriores al ayuno prolongado– más de 10 mil almas vinieron a los pies del Señor.

Fue por este tiempo que el hermano Yiye experimenta un dramático crecimiento en su ministerio. Cada vez más personas acuden a sus predicaciones y muchas invitaciones locales y de otros lugares se hacen patentes. Funda entonces un programa de radio y luego el canal de televisión, "la Cadena del Milagro", el cual llegó a ser muy popular en todo el mundo de habla hispana. Dios empieza a abrir puertas para campañas masivas en toda Latinoamérica y Europa, respaldándole el Señor con milagros de sanidad y muchas manifestaciones del poder de Dios. Los demonios huían, los cánceres, SIDA, diabetes, hernias, tumores, desaparecían. Los paralíticos empezaban a caminar, los ciegos veían, los sordos oían. Literalmente cientos de milagros ocurrían en cada una de sus campañas.

El ministerio del hermano Yiye fue muy próspero en resultados para el reino de Dios hasta su muerte, llevando el evangelio a través de libros, videos, audios, televisión, radio e internet, y todo fue resultado de la voz de Dios. Dios habla a todo aquel que persistentemente ora, todo aquel que busca con el corazón el rostro de Dios. Jeremías recibió la voz de Dios quien le dijo: "Clama a mí, y yo te responderé, y te enseñaré cosas grandes y ocultas que tú no conoces" (Jer. 33:3).

No todo fue color de rosa para Yiye Ávila; y una de las pruebas más difíciles en su vida fue aquella que experimentó con su propia hija. Ella se había apartado del Señor y se había casado con un inconverso. Tuvieron hijos, pero se separaron cierto tiempo después. Un día, al haber recibido sus hijos a su padre (en casa de ella, en su ausencia), furioso le esperó empuñando un cuchillo afilado para matarle.

Yiye oró a Dios, ayunó por el suceso, su hija había muerto en un episodio escabroso y él estuvo angustiado por su alma. El Señor le confirmó que todo estaba bien con ella, que le había tomado por la eternidad. Luego fue a la cárcel a visitar al homicida y éste abrazó el evangelio convirtiéndose en un proclamador de Cristo dentro de la prisión.

Este varón de Dios pasó buena parte de su vida en oración y ayuno. Si bien, tuvo también luchas terribles, el Señor le dio grandes triunfos en consecuencia a su intimidad con Él. Yiye fue un hombre que dependió siempre de la voz de Dios. Dios habla y se manifiesta a los que oran.

## Dios habla a fundar ministerios mundiales

*El hombre da consejos; Dios da dirección*
- Leonardo Ravenhill

Ciertamente cada una de las personas que pueblan este mundo necesita dirección. La vida está compuesta de decisiones y constantemente el ser humano está buscando ayuda para tomar las mejores. La voz de Dios en este proceso es clave, y es muy cierto lo que Leonardo Ravenhill dice, el hombre puede dar buenos consejos, pero sólo Dios sabe cuál es el mejor camino.

Toda aquella persona que se decide a mantener una vida consistente de oración, es tomada en cuenta por Dios para realizar grandes hazañas. Nos dice la Biblia: "En

Dios haremos proezas" (Sal. 60:12). Éste fue el caso de William y Catherine Booth, una pareja excepcional que fue el instrumento de Dios para fundar un ministerio, que hasta el día de hoy, es de bendición para miles y miles de personas. Particularmente estaremos hablando de la vida de Catherine como otra de las heroínas de oración en este libro.

**Catherine Booth (1829-1890)** fundó con su esposo la Asociación Cristiana de Avivamiento en 1865 y el Ejército de Salvación en 1837. Debido a un tiempo en que su esposo estuvo enfermo, ella se hizo cargo de la predicación de la palabra de Dios y pronto ganó reputación como predicadora del evangelio. Su último sermón fue entregado a una congregación de más de 50.000 personas. El Ejército de Salvación hoy es, luego de la iglesia Católica y las Naciones Unidas, la organización que más ayuda provee a los desamparados en el mundo.

Nació en Ashbourne, Inglaterra. Desde niña fue una cristiana muy devota y sensible. Su madre le educada en los principios cristianos y leía para ella en voz alta la Biblia desde los 5 años; y la hubo leído unas ocho veces hasta que Catherine cumplió los 12. Dejó la escuela a los 14 debido a una enfermedad que le dejó postrada por un tiempo. Pero luego, habiendo tenido una experiencia con Dios, el Nuevo Nacimiento, se hizo miembro de una iglesia metodista.

Desde su adolescencia estuvo interesada en la ayuda a los necesitados y ya para 1847 era parte de una asociación de ayuda para niños y adolescentes pobres, *Band of Hope* (Banda de Esperanza), sin embargo, Dios tenía para ella algo mucho mejor. Conoció a William en 1852, quien se probaba como predicador en su iglesia. Encontraron afinidad inmediata, y tras una comunicación epistolar copiosa, se casaron tres años más tarde.

Catherine se dedicó al cuidado del hogar y a la crianza de los hijos que Dios le había dado en su feliz matrimonio (ocho en total), en tanto su esposo se dedicaba al pastorado. Sin embargo, aunque fuera de sus tareas domésticas ella sacaba tiempo para ayudar a su esposo, en su interior sabía que tenía un llamado por Dios a la predicación. Comenzó a predicar yendo de casa en casa; era demasiado tímida para compartir algo en público, además a las mujeres de aquel tiempo no se les permitía predicar. Fue entonces, en esos días, cuando llega a sus manos y lee un artículo del periódico local en donde se hablaba sobre el tema. Ella en respuesta, publicó, en el mismo periódico el artículo titulado: *Female Ministry: Or, Woman's Right to Preach the Gospel* (Ministerio femenil: o el derecho de la mujer a predicar el evangelio).

Luego, siendo de gran influencia en la pareja el ministerio de Phoebe Palmer, en enero de 1860, seguido al nacimiento de su cuarto bebé, le pidió a su esposo el púlpito para dar una palabra. Pasó ella, y tímidamente tal era, articuló unas cuantas frases, y rápidamente se retiró del estrado. Su esposo William entonces, al subir, anunció: "mi esposa predicará esta noche". Desde entonces Catherine inició un poderoso ministerio de predicación que bendijo a muchos miles de personas.

CATHERINE BOOTH

En 1865 junto a su esposo inician un ministerio distinto al que nombraron *Christian Mission* (Misión Cristiana). En éste, William predicaba al pobre y desamparado, y Catherine al rico para encontrar soporte financiero. Éste es el ministerio que luego de varias mutaciones finalmente, en 1878 llevara el nombre del Ejército de Salvación. William fue conocido como el general y Catherine como "la madre del Ejército de Salvación".

Es bastante importante entender que este virtuoso ministerio jamás hubiera sido posible sin una poderosa vida de oración. Ella escribe en uno de sus sermones, al que tituló, "Condiciones para una oración efectiva", lo siguiente: "Oración es una agonía, una lucha del alma y espíritu. Tú sabes cómo un hombre o mujer se comportan cuando están desesperados para que algo ocurra. Eso es la oración… cuando tengas tu corazón influenciado y derretido, y forjado, y sientas por el Espíritu Santo carga por las almas, tendrás poder…"

Es increíble pensar cómo una mujer enfermiza, la que dijo en cierta ocasión, "No recuerdo un solo día que no haya sentido dolor" y que durante su vida sufriera de tuberculosis, problemas del corazón, escoliosis de la columna vertebral, y que finalmente muriera de cáncer en el pecho, pudiera criar 8 niños hasta convertirlos en verdaderos solados de Jesucristo. ¿De dónde Catherine sacaba tiempo para escribir y hablar a públicos diversos para levantar a Inglaterra de su frialdad espiritual, al tiempo que visitara los pobres en sus propias casas, salvara la vida de niños enfermos, evitara la prostitución de niñas de la calle, y trajera multitud de almas a los pies de Cristo, entre ellos muchos alcohólicos y criminales; y además, encima de todo esto, que apoyara activamente a su esposo en la formación y fortalecimiento de uno de los ministerios cristianos de más alcance en la historia? ¿Cómo es esto posible para una mujer en días cuando el ministerio femenil era, no solo carente de apoyo, sino menospreciado, criticado y evitado al máximo? Ciertamente esto es algo sobrenatural y todo lo sobrenatural viene de Dios, del Dios que responde a la oración con fe.

Otra de estas mujeres de fe, fue sin duda Fanny Crosby, de la que estaremos examinando un poco en la siguiente sección.

## LA MÁS GRANDE COMPOSITORA DE LA HISTORIA ERA CIEGA

Sin discusión alguna es maravilloso cómo Dios cumple aquella palabra que dijo por el apóstol Pablo: "Pues mirad, hermanos, vuestra vocación, que no sois muchos sabios según la carne, ni muchos poderosos, ni muchos nobles; [27] sino que lo necio del mundo escogió Dios, para avergonzar a los sabios; y lo débil del mundo escogió Dios para avergonzar a lo fuerte; [28] y lo vil del mundo y lo menospreciado escogió Dios, y lo que no es, para deshacer lo que es" (1 Cor. 1:26-28). De alguna manera podemos decir que Fanny Crosby caería en alguna de estas categorías que menciona el Apóstol, y esto le hace una heroína de oración entre los siervos de Dios. Veamos.

**Francis Jane (Fanny) Crosby (1820-1915)** llegó a escribir más de 9.000 himnos, algunos de los cuales han alcanzado gran popularidad en el mundo evangélico y se han traducido a muchos idiomas. Entre sus canciones más conocidas están: "En Jesucristo mártir de paz"; "A Dios sea la gloria"; "Alabadle, alabadle"; "Jesús nuestro bendito redentor"; "Por todo el camino mi Salvador me conduce"; otro más, cuyo coro dice: "¡Trabajad! ¡Trabajad! Esperad y velad, Confiad, siempre orad, Que el Maestro pronto volverá." Y eso fue precisamente lo que Fanny Crosby hizo durante toda su vida.

Nació en 1820, en el condado de Nueva York, en Estados Unidos. Teniendo tan sólo seis semanas de nacida, tuvo un resfriado que le inflamó los ojos. Cuando esto ocurre, sus padres decidieron seguir las instrucciones de un pseudomédico, cuyo resultado fue dejarle ciega de por vida.

Su padre murió algunos meses después, por lo que la niña fue criada por su madre y abuela. Ellas le instruyeron en la vida cristiana, y desde su niñez aprendió de memoria pasajes enteros de las Escrituras. También Fanny fue instruida en la música, descubriéndose así su gran talento y afición por la poesía. El resultado de este conocimiento, espiritualidad y talento, fue las maravillosas melodías musicales que engarzaban oraciones preciosas elevadas al Señor, que durante toda su vida ella compuso. Fueron las oraciones de estas dos mujeres y las de Fanny misma, las que permitieron todo el desborde creativo e inspiración que Crosby, con todo y su discapacidad, pudo hacer.

FANNY CROSBY— POR W. J. SEARLE, EVERETT

Cada himno de Crosby es una oración al Señor nacida de un corazón puro. Cada himno fue la respuesta a una oración. Por ejemplo, ella cuenta la experiencia de uno de los himnos titulados: "Toma tú mi mano". Ella dice: "Clamé al Señor en oración, Querido Señor, ¡toma mi mano!, y cuando hube dicho esto, casi inmediatamente, una dulce paz regresó a mi corazón, y en gratitud a la oración contestada, canté…" "Toma mi mano, tan débil soy y desamparada, No me atrevo a dar un paso sin tu ayuda. Toma mi mano, porque entonces, Oh, amoroso Salvador, Ningún temor a la enfermedad hará que mi alma tenga miedo". Este mismo canto fue escuchado por la esposa de C.H. Spurgeon, en los días que éste falleció, entonces ella dijo: "Obtuve un gran consuelo al escucharlo cantar".

Las melodías de Fanny son expresiones de júbilo, la misma voz del Espíritu Santo exaltando a Jesús. Uno de sus cantos dice, "Alaben al Señor, Alaben al Señor, Que la tierra oiga Su voz, Alaben al Señor, Que la gente se regocije, Vengan al Padre, A través de su Hijo Jesús, Y denle gloria, Grandes cosas Él ha hecho".

### Promulgadora de la oración de fe por 60 años

**Carrie Judd Montgomery (1858-1946)** fue una editora americana, filántropa, predicadora, promotora de la sanidad divina del pentecostalismo y evangelista. También fue miembro fundador –junto con A.B. Simpson– de la Alianza Cristiana y Misionera en 1887. Luego ministro de las Asambleas de Dios en 1917. Carrie fue una mujer que creía en la

Carrie Judd Montgomery

oración, tanto que escribió un libro titulado *The prayer of faith* [La oración de fe], en donde explica principios de sanidad divina a través de la oración. También, junto con su esposo, publicó la revista *Triumps of faith* [Triunfos de fe], la cual persistentemente difundió lo que el Espíritu Santo estuvo haciendo en un periodo de alrededor de 60 años, sanando a los enfermos y haciendo milagros. El libro escrito por Bill Johnson, *Defining Moments: Carrie Judd Montgomery* [Definiendo momentos], declara que fue Montgomery la que introdujo en el tema de la sanidad divina a A.J. Tomlinson (el primer supervisor general de la Iglesia de Dios, Cleveland, quien por cierto fue sanado por el Señor tras leer uno de los libros de la hermana Montgomery) y al mismo Francisco Olazába, quien fundó el Concilio Latino Americano de Iglesias Cristianas y condujo un ministerio evangelístico de salvación y sanidad divina por 30 años.

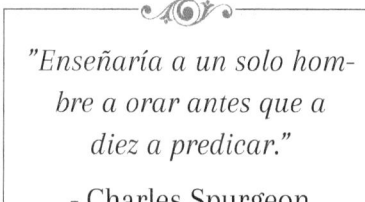

*"Enseñaría a un solo hombre a orar antes que a diez a predicar."*

- Charles Spurgeon

El secreto de la vida de poder y predicación poderosa de Montgomery estuvo fundamentado en una vida de oración. Ella coincidió con lo que Charles Spurgeon había dicho, "Enseñaría a un solo hombre a orar antes que a diez a predicar". Cristo nos enseñó a orar, y así podemos nosotros enseñar a otros a orar, y eso es más grande, –coincido con Spurgeon–, que enseñar a alguien a predicar. Mientras tanto, veamos el siguiente capítulo que habla sobre la lucha que representa la oración.

# CAPÍTULO VIII

# NUESTRA LUCHA, NUESTRA VICTORIA

Nuestra oración se vuelve una lucha en el tiempo de necesidad. Cuando la angustia quiere apoderarse de nuestras entrañas. Cuando una necesidad urgente se asoma en nuestra vida y aún cuando parece que la vida se extingue; que la luz al final del túnel parece jamás aparecer. Luchamos. Nuestra fe está a punto del desmayo, pero necesitamos seguir luchando. Dentro de nosotros mismos sabemos que Dios no podría fallar jamás a sus promesas. Él permanecerá fiel y nosotros necesitamos mantener enarbolada la bandera de la fe.

### EN NUESTRA NECESIDAD, DIOS LLEGA JUSTO A TIEMPO

Era la temporada de gran frío en Nueva Inglaterra, en los tiempos en que la leña era indispensable para sobrevivir en medio del clima gélido. Una viuda, con sus dos hijas, vivían en una cabaña lejana, en las afueras del pueblo. Habían

ellas encontrado en hacer bordados y costuras el modo de ganarse la vida; y en esos días, atareadas por un trabajo urgente que les habían solicitado, se olvidaron por completo de comprar lo necesario para el sustento, confiadas en que el clima mejoraría para darles oportunidad de ir a reabastecerse.

Normalmente ellas se esforzaban por traer la leña y comida en los tiempos en que el clima mejoraba un poco, pero en esos días hubo una tormenta tan impetuosa e interminable que les había evitado ir y volver con seguridad para reabastecerse a la tienda más cercana. La viuda era una mujer de mucha oración, quien esperaba en el cumplimiento de las promesas de Dios escritas en la Biblia, mientras que sus hijas eran adolescentes y apenas estaban en el proceso de ejercitar su propia fe.

El día en que se dieron cuenta que estaba por terminarse la última pieza de leña, y acabarse por completo la comida, las jovencitas se alarmaron y dijeron a su madre: "¿Qué será de nosotras? la comida está a punto de terminarse y ya no hay suficiente leña." Su madre con quietud indescriptible les contesta: "No se preocupen hijas mías, el Señor proveerá". Ellas no supieron qué responder, y siguieron trabajando en aquel trabajo que les mantenía tan ocupadas.

Al día siguiente, observaron que no podrían llegar ni al atardecer sin que se les terminara por completo la leña. Cocinaron y comieron el último bocado para ese día y con notable preocupación preguntaron a su madre, "¿Qué tienes planeado hacer, madre mía? Es verdad que es imposible salir para ir a comprar lo que nos falta sin estar en peligro de muerte, pero de otra manera pereceremos de frío. Además, la comida se ha terminado ya". Aquella viuda, quien mantenía una vida de oración y fe, estaba segura de la provisión del Señor. Entonces, les contesta lo mismo que había contestado el día anterior. "Mis hijas, no se preocupen por nada, el Señor proveerá". Entonces una de ellas se aventura a decir, "pero madre, eso lo dijiste el día anterior y no ha pasado nada". "Mi hija" – le contesta ella– "confía en Dios, será como yo te he dicho".

A lo lejos vivía un anciano a quien no le faltaba nada. Era un buen cristiano, que ahora, siendo que nadie podría salir de casa debido al clima, se encuentra cómodamente sentado en una silla acojinada y móvil, cerca del fuego de una chimenea. En sus meditaciones de pronto dice a su hija, la que está próxima a él, "María, debo salir afuera". Su hija se espanta con sus palabras y le contesta, "podrías quedar postrado en la nieve, tú sabes que es bastante peligroso salir ahora. ¿Qué asunto puede ser tan importante para que te arriesgues así?". Su padre permanece en silencio por un par de minutos, y en un sobresalto exclama, "¡Debo ir! Ahora mismo prepararé la cabalgadura y llevaré leña y harina a la hermana C.". Su hija no comprende el porqué de la urgencia de su padre, pero lo conoce bastante bien como para saber, que nada de lo que ella pudiera decirle lo haría desistir.

Cuando todo estuvo listo, emprendió el peligroso viaje en medio de la tormenta. Era totalmente inverosímil ver a un hombre en tales circunstancias, esforzándose por avanzar con un trineo que llevaba harina y leña. Finalmente llega a la casa de la hermana C. El reloj dio las 4:00 p.m. y la viuda en esos momentos arreglaba el fuego para darse cuenta que las últimas brasas estaban por extinguirse. Entonces alza sus ojos, ve por la ventana, y observa la llegada del anciano. Permanece en silencio, quería que sus hijas tuvieran una gran sorpresa. En unos instantes más, él toca a la puerta, y al abrir, con el rostro quemado por el intenso frío dice: "Hermana C., el Señor me ha dicho que le trajera esto, que usted pudiere necesitarlo". Ella entonces le contesta, "Es cierto lo que el Señor le dijo, mire allá". Entonces la hermana le señala el lugar de la chimenea, al tiempo que se extinguían las últimas brazas en el fuego. "No podríamos sobrevivir esta noche, hermano, Dios le envió de seguro. Él ha llegado justo a tiempo". Las hijas de la viuda no sabían que decir, estaban perplejas viendo el milagro del Señor. Entonces todos ellos adoraron a Jesús y el anciano regresó a su propia casa.

Cada uno de nosotros tiene el privilegio de orar a Dios y toda necesidad legítima que expresamos al Todopoderoso será escuchada, pues el Espíritu ha dicho por David, "Jehová es mi pastor y nada me faltará" (Sal. 23:1) y también, "echando toda vuestra ansiedad sobre él, porque él tiene cuidado de vosotros" (1 P. 5:7).

Pero cuando existe una necesidad existe una lucha. El diablo tratará de desesperarnos y que claudiquemos en la fe, como dice el canto de Civilla D. Martin, "Si en mí la fe desmaya, y caigo en la ansiedad, tan sólo él me levanta, me da seguridad". En la oración nuestra fe se levanta y encontramos la seguridad que nuestra alma necesita.

En los altibajos de la vida, encontramos en la oración nuestro refugio, la lucha contra nosotros mismos y contra el enemigo. La batalla de la fe en donde en ocasiones la vida misma está en juego.

## NUESTRA LUCHA PUEDE SER DE VIDA O MUERTE

Kim Sang Ho, es un pastor asociado del Dr. David Y. Cho, quien a lo largo de su vida ha desarrollado un ministerio exitoso, y ha sido testigo de grandes milagros de Dios.

Kim fue criado por su abuelo Kim Chung Hwan, un hombre educado y profesor de confusionismo. Desde que era un niño, Kim aprendió el idioma chino, pues las ideas de Confucio deberían ser estudiadas en su idioma original, y no sólo mediante la traducción al coreano. Sin embargo, siendo atraído por unos misioneros que radicaban cerca de donde él vivía, cuando él tenía escasos 12 años, recibió el mensaje de salvación.

Para los 14 años, cuando contrajo matrimonio, pues bajo las tradiciones de sus padres, así tenía que ser, él confesó a su joven esposa Wang Hee Soon, acerca de su fe en Jesús. Le confesó a su esposa que él creía que Jesucristo era el Hijo de Dios. Éste era un testimonio que a nadie en su casa había antes compartido, pues temía a los graves problemas que ello desencadenaría.

Su esposa mantuvo el secreto, pero no aceptaba la "nueva religión" de su esposo cuando éste le compartía el evangelio. "¿Por qué debería yo traicionar a las tradiciones de mis padres cambiando de religión?" –decía ella–. Sin embargo, su esposa Wang tenía un secreto también: ella fumaba. "Por razones médicas", le dijo ella desde el primer día que estuvieron juntos, "frecuentemente tengo un dolor que tan sólo fumando se me aminora". Esto hacía todos los días, y siendo que fumar para una mujer en su cultura era algo inaceptable, Kim le abría la ventana para que el olor no se concentrara en el cuarto y los demás se dieran cuenta del vicio que su mujer mantenía.

Un día él le dijo: "si fueras a una de las reuniones de oración serías sanada". Ella le miró fijamente y dijo: "¿Crees en verdad que sea así?". "¡Sí!", –contestó él–, "he oído cómo varias personas han sido sanas luego de que oraran por ellas en el nombre de Jesús". "Por qué no" –asintió Wang–. "Tenemos que ir por la mañana muy temprano, antes de que cante el gallo, la reunión de oración comienza antes del amanecer".

Pero había un grave problema, cada vez que alguien salía de la casa se escuchaba un ruido en la puerta. Era tan fuerte el ruido que todos se daban cuenta que alguien había salido. Kim sabía que una de sus vecinas era cristiana y que ella tenía reuniones de oración. Durante el día le visitó y estuvo de acuerdo con ella en orar a Dios. Él tenía una idea para evitar que su familia se diera cuenta de que alguien de ellos había salido por la mañana. Él haría un hoyo por debajo de la tierra suficientemente grande para salir de casa sin que nadie lo notara. Así, le expuso a la vecina su idea y le pidió que orara durante esos días para que el plan funcionara y su esposa fuera tocada por Dios, salvándola y sanándola.

El día llegó y minutos antes del amanecer, su esposa pudo deslizarse por el hoyo que él había hecho, mientras que él se quedó en la casa, puso una piedra sobre la boca del pozo, y esperó en oración a que su esposa regresara. Finalmente su esposa regresó y le contó: "Me abrieron la Biblia y me dijeron lo que ahí decía, pusieron sus manos sobre mí y oraron en el nombre de Jesús. Luego me pidieron que regresara". Así fue como la esposa de Kim fue sanada y Dios le dio el regalo de la salvación.

Luego que Kim y su esposa se fortalecieran, Dios les dio el privilegio de fundar más de 40 iglesias en Corea. Una vez Kim, según lo que compartió Oyvind G. Andersen en su libro *The Tiger Pastor* (El pastor tigre) dijo: "La gente tiene diferentes llamamientos, dones y talentos. Cambio de tiempo también significa cambio de situaciones y circunstancias. Algunos permanecen en la misma iglesia toda la vida, mientras crece constantemente. Mi tarea, por otro lado, fue fundar muchas iglesias,". También Kim Sang Ho sirvió como pastor de algunas iglesias ya fundadas. Fue el caso por ejemplo, cuando fue pastor de una congregación en Pusan, Corea del Sur. Fue en esa iglesia que los padres de David Younggi Cho recibieron a Cristo, en el tiempo cuando Cho era estudiante de la Escuela Bíblica en Seúl.

Con el tiempo Kim se convirtió en uno de los líderes de la iglesia de Cho y pastor asociado. "En 1973," –dice Andersen en su libro– "la iglesia empezó a usar un nuevo edificio en la isla de Yoido en Seúl y en 1975 Kim Sang Ho era el director del Departamento de Cuidado Pastor. Esto significa que, bajo la dirección de Cho, como el pastor principal, Kim tenía la responsabilidad de todo el trabajo de los grupos celulares en la iglesia. Años después Kim recibió una pensión y ocupó la posición de pastor honorario de la Montaña de Oración. Pero pocos saben que hubo un tiempo en que él estuvo muerto. De esto David Y. Cho cuenta en agosto de 1999, en una conferencia que condujo en Alemania: "Esta es una historia real. Yo mismo fui el que hice los arreglos del funeral y fui testigo de cómo volvió a la vida. Ahora él tiene más de 80 años y vive en la Montaña de oración". Veamos un poco más de lo que Cho cuenta en esa reunión.

Cuando Kim tenía 40 años, su esposa murió; y por ese tiempo, en que por cierto, él era pastor de la iglesia en Cheogju, Cho recibió un telegrama que decía: "Compromiso del servicio funeral del pastor Kim Sang Ho". Al tercer día de este suceso –dice el pastor Cho-, "yo mismo fui al hospital y miré su certificado de defunción el cual decía, 'ataque al corazón'. Finalmente, nos encontrábamos celebrando el servicio fúnebre y cantando un himno alusivo cuando de pronto Kim se levantó y se sentó dentro del ataúd. La gente empezó a correr asustada y otros no sabían que hacer o decir. Luego de unos momentos, cuando pasó el alboroto, Kim me pregunta: 'No estoy muerto, ¿Por qué me pusieron en este ataúd?' parecía chistoso, hacía tres días que había muerto, yo mismo había visto el certificado de defunción. Muchas historias se pueden contar de personas que mueren y luego vuelven a vivir, pero en este caso yo fui testigo, yo mismo era miembro del comité fúnebre y responsable de su funeral".

Su esposa había muerto hacía apenas unos días, y él con sus hijos habían ido a llorar al cementerio. Era triste observar cuando bajaban el féretro y luego cuando sus hijos esparcían tierra sobre él. Regresaron a casa y Kim se sentó solo en el patio, abrió la Biblia, pero sentía tanta tristeza en el corazón, que le era imposible meditar en alguna de sus palabras. Empezó a musitar un himno en tanto las lágrimas continuaban escapando de sus ojos. De pronto sintió un gran dolor en la caja torácica, era como una espada que traspasaba su corazón. Se trataba de todos los síntomas de un ataque cardiaco. Cayó al suelo y dejó de respirar. Inmediatamente, "Vi tres estrellas que caían del cielo" – dice Kim en su testimonio, cuando lo contó a David Y. Cho–, "las estrellas cayeron cerca de mí. Eran tres ángeles. Entonces uno de ellos dijo, '¡Vámonos a casa, ahora estarás en tu casa para siempre!". Fue llevado hacia arriba. Pasaron por las estrellas durante mucho tiempo de viaje y finalmente llegaron a un nuevo universo. Era algo tan hermoso que Kim nunca lo ha podido describir. Entonces se apareció delante de ellos la Ciudad Celestial, la Nueva Jerusalén, toda amurallada y ángeles en la entrada que decían constantemente, "¡aleluya!". Vio un río con árboles a los lados, un gran auditorio compuesto por millones que constantemente adoraban al Padre. Luego Kim sigue diciendo, "Me mostró uno de ellos el registro de mi nombre, ahí estaba mi nombre, Kim Sang Ho. Luego me mostró el registro de mis pecados, los que hube cometido desde que era un niño. Ahí estaba el registro de cuando robé los zapatos a un japonés... y todo lo que cometí mientras estuve en el cuerpo." Kim bajó la cabeza avergonzado, pero el ángel le dice: "No te avergüences, porque ya has sido perdonado por la sangre de Jesús, porque te has arrepentido". En el cielo vio a Jesús, quien le dio la bienvenida. Luego vio a Esteban, el que fue apedreado en Hechos 7 y luego a David, ¡el rey David! También Kim vio a su esposa. El Señor le mostró las mansiones celestiales. Le mostró que las personas que servían en la tierra fielmente en posiciones humildes eran las que tenían las más grandes mansiones. Finalmente vio a Abraham, quien le dijo, "¡Oye, tengo un mensaje para ti! Diles que la venida de Jesús está cerca, que está a las puertas, que estén preparados". Entonces Kim regresó a la tierra.

Esta es una historia que Kim poco comparte a quienes ministra, porque le parece muy sagrada; pero después de escuchar a Cho contarla públicamente comentó: "Es una historia larga. No es algo que pueda describir con facilidad. He escuchado muchas personas que han hablado que visitan el cielo. Muchas de sus historias difieren de las descripciones bíblicas. [Pero] yo recuerdo lo que Pablo escribe: 'si en el cuerpo, no lo sé; si fuera del cuerpo, no lo sé; Dios lo sabe' (2 Cor. 12:2). Así es que vacilo en hablar de ello. Es fácil agregar o quitar algo.

Yo soy tan sólo un siervo menor, un siervo muy menor. Aun así, Dios me mostró el cielo. [Pero] seré cuidadoso. Yo hablo de muchas de mis experiencias en mis sermones, sin embargo raramente menciono mi visita al cielo. Al pasar el tiempo, compartí mi experiencia con el pastor Yonggi Cho." (Cita mencionada por Oyvind Gaarder Andersen en su libro *Tiger Pastor*).

Kim ha sido una persona de lucha en oración. Ha pasado tanto tiempo de rodillas, que Dios le ha dado grandes victorias. Así como Kim, todos aquellos que oramos, luchamos, pero nuestra victoria está garantizada por Jesucristo. Él dijo que aunque en el mundo tuviéramos aflicción, tuviéramos confianza porque Él había vencido al mundo. Nosotros también somos vencedores.

Las madres luchan por sus hijos, y muchos Samueles que oran son resultado de Anas que oran. En la oración luchamos con nuestros propios pensamientos, como dijo Jorge Müeller una vez, "La mente natural siempre está propensa a razonar, cuando debemos de creer; a estar en el trabajo cuando debemos estar quietos, a hacer lo que nos parece mejor, cuando debemos continuamente caminar en los caminos del Señor, sin embargo se trata de carácter".

### La oración es un trabajo

*El acto de oración es el despliegue más alto de energía que la mente humana es capaz de alcanzar; orar, por lo tanto, es la total concentración de las facultades. La inmensa mayoría de los seres humanos es incapaz de orar*
– Samuel Taylor Coleridge

Es contradictorio que mientras a muchos les parece que la oración es una pérdida de tiempo, o algo para quien está desocupado, al mismo tiempo ellos mismo son incapaces de orar. Y si es tan fácil, ¿por qué no todos oran suficiente tiempo? Sin duda se trata de un trabajo que no todos están dispuestos a hacer. Es un trabajo que requiere diligencia y fe. Las buenas noticias es que nuestra oración tiene gran galardón de parte del Señor.

Jesús les habló a sus discípulos de la necesidad de orar siempre y no desmayar. Luego cuenta la historia de una viuda que estaba constantemente insistiendo delante de un juez injusto. Nos dice Cristo, que luego de que ella estuviera insistiendo mucho, el juez, que ni temía a Dios ni a hombre, dijo dentro de sí, "Aunque ni temo a Dios, ni tengo respeto de hombre, ⁵ sin embargo, porque esta viuda me es molesta, le haré justicia, no sea que viniendo de continuo me agote la paciencia" (Lc. 18:4-6).

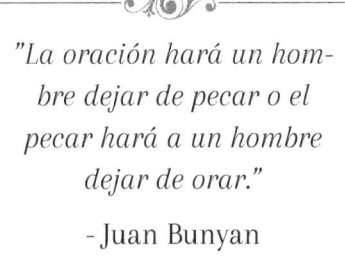

"*La oración hará un hombre dejar de pecar o el pecar hará a un hombre dejar de orar.*"

- Juan Bunyan

La oración es una lucha por nuestra propia alma, como bien dijo Juan Bunyan, "La oración hará un hombre dejar de pecar o el pecar hará a un hombre dejar de orar". Sin embargo, la oración hará que muchas almas vengan a los pies de Cristo; y también, que muchas nuestras necesidades humanas sean satisfechas, porque Dios siempre contesta la oración. De este tema estaremos comentando en el siguiente capítulo.

# CAPÍTULO IX

## DIOS SIEMPRE CONTESTA LA ORACIÓN

*"Jehová ha oído mi ruego; Ha recibido Jehová mi oración"*
(Sal. 6:9)

Vemos en los Salmos a personas como nosotros que clamaron a Dios con una necesidad. Presentaban delante del Señor su causa justa, se apoyaban en Sus palabras, en Sus dichos antiguos y el Señor contestaba la oración de ellos. Que maravilloso es escuchar la voz del Señor diciéndonos, como dijo a Salomón, "Yo he oído tu oración y tu ruego que has hecho en mi presencia" (1 R. 9:3). Porque todo aquel que se acerca al Señor con un corazón contrito y humillado, el Señor no lo despreciará (Sal. 51:17).

La oración es el símbolo de la dependencia del Señor, nuestra adoración, nuestra rendición, nuestro sacrificio de labios, nuestra esperanza y fe. En Él confía mi corazón

(Sal. 7:1) y "He confiado asimismo en Jehová sin titubear" (Sal. 26:1), dijo David. Y nosotros también confiamos que todas nuestras oraciones, las que se hacen de acuerdo a la voluntad de Dios, serán escuchadas y Dios hará lo que le hemos pedido.

En este capítulo veremos algunos ejemplos de oraciones contestadas. El mismo Dios de estas personas es el nuestro, porque en Él no hay acepción de personas (Hch. 10:34) y Él es el mismo de ayer, hoy y por todos los siglos (Heb. 13:8).

## LA VIDA DE ORACIÓN Y FE DE JORGE MÜELLER

La vida de **Jorge Müeller (1805-1898)** tuvo un mal comienzo. Estando en una condición de pecado, adherido a los vicios desde el comienzo de su adolescencia, fue a dar a la cárcel cuando tenía 17 años. Luego, su padre, queriendo que su hijo tuviera una formación religiosa y que estudiara divinidades para colocarse en alguna posición lucrativa dentro del clero, le inscribió en la Universidad de Halle, Alemania. Es estando en este lugar, que, interesándose por la lectura de la Biblia e inspirado por algunos de sus compañeros, Dios hizo una obra maravillosa en su vida. Müeller cambió de vida, dejó los vicios y la mentira, en una palabra: él tomó el regalo de la salvación de Dios. Siendo un extranjero llegó a Bristol, Inglaterra y fundó un ministerio de ayuda para misioneros; luego mediante la providencia de Dios en 1836 fundó con su esposa un orfanato, el que llegó a ser el más numeroso de Bristol; de Inglaterra; y uno de los más numerosos del mundo en su tiempo.

El número de niños huérfanos no fue lo que hizo extraordinario el ministerio de Müller, más bien, lo fue el método que él utilizó para mantenerle financieramente. Alimentar a tan gran cantidad de niños y hacer todos los pagos que el cuidado de los mismos implica fue una tarea titánica. Sin embargo, él tuvo una norma: llevar toda necesidad a Dios nada más. Jamás pidió un centavo a hombre alguno, sino que en cada necesidad él llevaba todos los asuntos a Dios. El resultado de ello fue que a través de los 62 años, tiempo en que el orfanato estuvo en pie bajo su liderazgo, jamás faltó una sola comida para nadie. Hubo muchas ocasiones que él sabía que el refrigerador estaba vacío, y que no había nada que dar de comer a los niños, que tan sólo faltaban unas cuantas horas para que la hora de comer se llegara. Pero él oraba e iba a la cama con la confianza que por la mañana siguiente Dios haría un milagro.

En una ocasión tan sólo a minutos de la hora del desayuno, cuando parecería que Dios fallaría, Jorge pasa a los 300 niños que había en el orfanato a la mesa e invita a todos a dar gracias por los alimentos. ¡No había ninguna comida sobre la mesa! Luego, tan solo al terminar de orar, alguien toca a la puerta. Se había estacionado un vehículo cuyo conductor ahora estaba en el umbral y dice: "Soy el panadero, anoche no pude dormir, algo me decía que ustedes necesitarían pan, y lo he horneado para ustedes". No pasaron muchos minutos cuando otro vehículo se detiene y el conductor toca la puerta del orfanato. Al abrir, un hombre comienza hablar y dice: "disculpe, soy el lechero, ahora mismo llevaba 300 botellas de leche para su venta, pero

JORGE MÜELLER

la rueda de mi vehículo se averió precisamente aquí y estoy seguro que mientras la arreglo la leche se echará a perder. Me enteré de que aquí es un orfanato, y quiero donar toda la leche que llevo, ¿les sirve?"

Jorge Müller llevaba registro de las oraciones contestadas y llegó a escribir miles de testimonios. Dios siempre fue fiel. En otra ocasión, cuando él viajaba en barco a cierta ciudad, una densa niebla obligó al capitán a ordenar detener el barco. Jorge se acercó a él y le preguntó: "¿Qué sucede capitán?" "Esta densa niebla nos demorará por algunas horas. Como usted puede comprender esto está fuera de nuestro control"– respondió el capitán. "Nunca he llegado tarde a ninguna de mis citas"– replicó el siervo de Dios. Entonces ahí mismo dobló sus rodillas, frente al capitán del barco y oró sencillamente: "Señor, tu siempre me oyes, te pido que disipes esta niebla, para que tu siervo llegue a su destino a tiempo". Cuando él termino su oración, ante el asombro del capitán, la niebla empezó a ceder y a ceder. Dios respondió milagrosamente y en ese momento, el barco estuvo posibilitado de reanudar su marcha. Müller ganó un alma ese día y el capitán se convirtió en un cristiano fervoroso.

*"Mi primero y gran negocio que debo atender cada día es tener mi alma feliz en el Señor."*

- Jorge Müller

Müeller dijo una vez: "Mi primero y gran negocio que debo atender cada día es tener mi alma feliz en el Señor".

No importa que tan grande fuera su necesidad, Él mantendría una actitud de fe. La confianza que Jorge Müeller tenía en el Señor era muy sorprendente. Él acostumbraba orar más o menos tres horas por día y otras tres dedicaba a leer y estudiar la Palabra de Dios. Su biblioteca se reducía a unas versiones de la Biblia y siempre tomaba la Palabra de Dios literalmente. Cuatro reglas regían su vida financiera: 1) No recibir un salario fijo, porque por un lado se afecta la ofrenda voluntaria y por otro se cae en la tentación de depender del ser humano antes que de Dios. 2) Nunca pedir ayuda financiera a ningún ser humano, sin importar que tan grande fuera la necesidad, sino hacer toda petición conocida delante del Señor, quien ha prometido tener cuidado de sus siervos y oír nuestras oraciones. 3) Tomar literalmente el mandamiento de Lucas 12:33 ("Vended lo que poseáis, y dad limosnas, haceos bolsas que no se envejezcan, tesoro en los cielos que no se agote, donde ladrón no llega, ni polilla destruye"). 4) También tomar literalmente Romanos 13:8 ("No debáis a nadie nada") y nunca comprar en crédito, o deber cualquier cosa, sino confiar a que Dios proveerá. Él tenía la costumbre de examinar su corazón para descubrir si lo que estaba haciendo o quería hacer era para obtener gratificación personal o realmente para la gloria de Dios.

Luego de años de haber establecido el primer orfanato dijo: "Cuando comencé el orfanato en 1835, mi principal objetivo fue la gloria de Dios, al dar un demostración práctica de lo que podría lograrse simplemente usando los instrumentos de la oración y la fe. A fin de beneficiar la iglesia en general y guiar a un mundo indiferente a ver la realidad de las cosas de Dios al demostrarles con este trabajo, que Dios está vivo, que su palabra está viva, aun 4.000 años después de haber sido hablada".

Durante su vida, Müeller llegó a sostener más de 2.000 niños, construir 5 edificios, respaldar misioneros, escuelas, misiones, imprimir miles de tratados y Biblias para la evangelización y todo en respuesta a la oración. Esperar quietamente en el Señor fue la clave, orar mientras meditaba en la Palabra de Dios implantada en su corazón.

Cuando el hermano Müeller tenía 300 niños en una casa rentada y necesitaba un lugar propio, en el tiempo de Dios empezó a rogarle por la compra de un terreno. En enero 31 de 1846, escribe en su diario: "Este es el día 89 desde que diariamente he estado orando a Dios con respecto a un edificio para el orfanato. El tiempo ahora está cerca cuando el Señor me dará una pieza de tierra y se lo dije a mis hermanos y hermanas después de nuestra reunión de oración sabatina nocturna". Dos días después se enteró de una pieza de tierra que pudiera servir. En Febrero 3 fue a ver el terreno y le pareció excelente para el orfanato, por lo que al día siguiente buscó al dueño para hablar sobre el asunto. Intentó varias veces contactarlo pero no pudo, por lo que entendió que esto era algo que Dios estaba dirigiendo. A la mañana siguiente finalmente pudo verse con el dueño y sin que el siervo de Dios dijera una palabra, el hombre dijo: "Sé que anda buscando un terreno para un orfanato, y si lo va a usar para ese propósito, le daré el acre a 120 libras en lugar de 200". Éste era exactamente el dinero que Müeller

SANTA MÓNICA Y SAN AGUSTÍN

tenía, y compró ese mismo día un terreno de casi 7 acres (28.3 mil metros cuadrados o casi media hectárea). ¡Gloria a Dios!

Literalmente miles de peticiones fueron contestadas por Dios en respuesta a la oración de Jorge Müeller, su familia, y todos cuantos trabajaban con él. En 1844 empezó a orar por la salvación de 5 de sus amigos. Sin importar si estuviera enfermo, si anduviera en tierra firme o en altamar, él oraba día tras días por la conversión de estos amigos. 18 meses pasaron cuando uno de estos cinco se convirtió al Señor. Jorge agradeció al Señor y continuó orando por los otros cuatro amigos. Pasaron 5 años cuando finalmente se convirtió al Señor otro de sus amigos. Jorge dio gracias al Señor y tuvieron que pasar otros 6 años para que el tercero se convirtiera. Los otros dos no se convertían y pasó el tiempo, pero Jorge continuaba orando. 36 años después escribió: "Espero en Dios, yo oro y siempre espero que Dios me dé lo que pido. Ellos no se han convertido todavía, pero de seguro se convertirán". Jorge murió. Y uno pensaría que la respuesta nunca llegó, pero el cuarto amigo se convirtió en el funeral de Müeller y el quinto al siguiente año. Dios siempre contesta la oración. No importa que tanto tiempo pase, el Señor no falla a su Palabra.

#### UNA MADRE QUE ORA POR LA SALVACIÓN DE SU HIJO

**Santa Mónica (c. 322-387 d.C).** Es posible que uno de los hombres que más influencia haya traído al cristianismo haya sido San Agustín. San Agustín fue obispo de la iglesia de

Hipona en el Norte de África. Éste hombre valeroso, sin embargo, reconocía que si no hubiera sido por las oraciones de su madre Mónica, a quien llamó él "una sierva de Dios", él no hubiera sido quien fue. En sus confesiones, él dice: "… [ella] quien me dio a luz en el cuerpo, por haberme traído a la luz del tiempo, y en su corazón, por quien me dio a luz en la eternidad".

Mónica se casó con un hombre que no era cristiano, –Patricio– quien le era infiel y tenía un mal temperamento. Sin embargo Mónica creía en ese pasaje de 1 Pedro 3:1-2 que dice: "Asimismo vosotras, mujeres, estad sujetas a vuestros maridos; para que también los que no creen a la palabra, sean ganados sin palabras por la conducta de sus esposas, [2] considerando vuestra conducta casta y respetuosa". Por tanto, de ella no salió una palabra de reclamo, sino que siempre supo encontrar la paz con su marido problemático. Su marido tampoco se preocupaba por la conducta moral de sus hijos, y cuando Agustín, quien desde temprano manifestó inclinación para las letras y la oratoria, quiso ir a Roma para apuntalar su carrera, Mónica su madre se opuso; ella sabía de la decadencia de Roma.

Sin embargo, aunque sus oraciones para que su hijo no fuera a Roma no fueron contestadas, –pues él se fue a escondidas de ellas en abierta oposición– sí lo fueron cuando Agustín estuvo gravemente enfermo en aquel lugar, y fue en Italia en dónde él se convirtió en cristiano.

Cuando Agustín se convirtió, éste fue bautizado por Ambrosio, pastor de la iglesia en donde su madre innumerables veces había rogado por él. Cuando su hijo fue salvo, ella sentía que había cumplido su misión en la vida y poco tiempo después murió a los 56 años, cuando su hijo tenía 33.

## La oración persistente es indispensable

*Dios no hará nada sino en respuesta a la oración*
– John Wesley

En una ocasión, cuando Jorge Müeller no recibía respuesta a su petición acerca de que Dios enviara personas que le ayudaran con los distintos oficios del orfanato, él, en lugar de desanimarse dice, "en lugar de orar una vez al día, voy a orar tres veces al día". También, "las dificultades son prueba de la fe… [la respuesta viene] por el ejercicio de la fe y la paciencia. Paciencia y más paciencia, y el ejercicio de la fe y las dificultades serán removidas".

No podemos ceder cuando las cosas, en lugar de mejorar parecen empeorar cuando estamos orando por algo, debemos siempre ver esto como una prueba de nuestra fe y como el preludio de una gran victoria.

Juan Wesley es otro de los héroes de oración, un hombre que pasaba horas diariamente en comunión con su Señor, y Dios le dio una influencia tan grande, que hasta nuestros días la estamos recibiendo, siglos después de su muerte. Él dijo, "Dios no hará nada sino en respuesta a la oración". Todas las promesas de Dios deben ser puestas en oración, y no debemos esperar que éstas sean recibidas sin oración.

En otra ocasión Wesley dijo: "La oración es donde está la acción". En otras palabras, no puede haber acción sin oración. Es natural que el ser humano busque la acción, pero muchas veces no tiene la paciencia para orar primero suficiente antes de la acción. Todo tiene que ser mediante oración y en el tiempo de Dios. El mundo quiere ver todo desde el punto de vista meramente humano y hacernos creer que por nuestras acciones el mundo cambia, pero Dios nos dice que es por las oraciones que el mundo cambia para bien. El mundo dice "haz que suceda", Dios dice: "yo lo haré" (Jn. 14:14). Sin embargo, se requiere fe y paciencia.

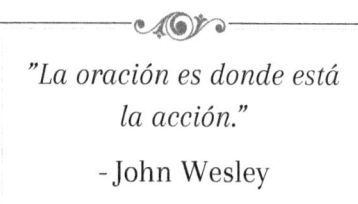

*"La oración es donde está la acción."*

-John Wesley

Mientras el hombre en su desesperación bombardea las nubes para hacer que llueva, por la oración Dios detuvo la lluvia en la tierra y por la oración Él hizo que lloviera de nuevo después de tres años (Stg. 5:17-18). El hombre lucha contra Dios, pero Dios no tiene rivales, "dura cosa te es dar coces contra el aguijón" (Hch. 9:5). El hombre construye grandes rascacielos, Dios es dueño de los cielos y tiene la tierra como estrado de sus pies. Por ello ningún cristiano puede estar en contra de la acción, pero ésta es necesaria después de la orden del Señor y en harmonía con su voluntad.

En otra ocasión dijo Billy Graham, "Para hacer que las naciones vuelvan a ponerse de pie, primero debemos ponernos de rodillas". Es por eso que la más grande labor de evangelismo empieza en el cuarto de oración, y los ejemplos de la conversión de los 5 amigos de Jorge Müeller y del hijo de Santa Mónica, son tan solo ejemplos de cientos de miles, quizá millones.

# CAPÍTULO X

# LA PRIORIDAD DE LA ORACIÓN

*¿Es la oración tu volante o tu llanta de refacción?*
- Corrie Ten Boom

Existen muchos cristianos que tienen la oración tan sólo como el último recurso; y hacen uso del enorme privilegio de la oración tan sólo en su tiempo de necesidad o calamidad, como si ésta fuera la manera en que Dios quisiera trabajar con el hombre. Es cierto que "Jehová será refugio al pobre, Refugio para el tiempo de angustia" (Sal. 9:9), pero también dice: "mis ojos enfermaron a causa de mi aflicción; Te he llamado, oh Jehová, cada día, He extendido a ti mis manos". La oración para el verdadero cristiano no es un recurso de último minuto, sino es su propia respiración.

## LA PRIORIDAD DE LA ORACIÓN
### ES MAYOR AL TIEMPO DE TRIBULACIÓN

**Corrie Ten Boom (1892-1983)** nació en Ámsterdam, Holanda. Hija de un relojero. Aprendió el oficio de su pa-

CORRIE TEN BOOM

dre y se convirtió en la primera relojera autorizada en Holanda. En los tiempos de la segunda guerra mundial, Corrie siempre será recordada como una de las grandes heroínas que ayudó a muchos judíos a escapar de una muerte segura a manos de los soldados nazis. En 1944 su familia fue arrestada y enviada a cárceles en Holanda y finalmente a un campo de concentración Nazi en Alemania, el campo de concentración Ravensbrück. Ahí fue donde tuvo las experiencias más terribles, aunque logró evangelizar a algunos soldados nazis.

Años más tarde, cuando finalmente fue rescatada, Corrie se dedicó a escribir y a viajar por muchos países predicando el evangelio. Su predicación hacía un énfasis especial en el tema del perdón. Y luego de estar predicando en Alemania en 1947, se encontró con uno de aquellos soldados que le había causado tanto mal estando en el campo de concentración. Cuando lo vio lo reconoció de inmediato, y su alma se estremeció. Ahora era el momento de la prueba de todo su cristianismo. Oró a Dios por la gracia suficiente y ese día estrechó la mano de ese hombre, y con lágrimas le dio su perdón de todo corazón. Ese fue el día que Dios hizo que toda su alma fuera llena de su amor y escribe, "durante largo tiempo mantuvimos las manos estrechadas, era el antiguo guardia y la antigua prisionera. Nunca había sentido tan intensamente el amor de Dios como lo sentí ese día".

Ella cuenta la historia de lo que pasó con ella y su familia en la segunda guerra mundial y en especial en el campo de concentración en su libro *El refugio secreto*. Por cierto, su narración fue llevada a la gran pantalla y utilizada como base para la historia de Ana Frank, una niña alemana de ascendencia judía, quien luego de ser perseguida también en Holanda, fue a dar al campo de concentración de Auschwitz.

Si Corrie no hubiera tomado la oración como el recurso más preciado, jamás hubiera logrado escapar con vida para luego contar su historia. Ella dijo también: "Nunca podrás entender que Cristo es todo lo que necesitas, hasta que Cristo sea todo lo que tienes". Ella hizo de Cristo su todo, y cuando haces de Cristo tu todo significa comunicación total.

> *"Nunca podrás entender que Cristo es todo lo que necesitas, hasta que Cristo sea todo lo que tienes."*
>
> - Corrie Ten Boom

Todo aquel que hace de la oración su prioridad también encabeza la fila de los vencedores. No es que busque a Dios porque "siente" que lo necesita, sino porque ha finalmente comprendido el orden de la vida y su diseño original. Y cuando las cosas se complican, no desiste diciendo, "esto no funciona", sino que dice: "hay algo en mí que no funciona, necesito orar más".

Corrie dijo también: "Cuando un tren atraviesa un túnel y todo se pone oscuro, no tiramos el billete y saltamos, nos quedamos sentados y confiamos en el maquinista".

## La más grande estrategia del diablo

*La única preocupación del diablo es mantener a los cristianos alejados de la oración. Él no le teme a los estudios, obras o religión sin oración. Él se ríe de nuestro trabajo, se burla de nuestra sabiduría, pero tiembla cuando oramos*
– Samuel Chadwick

La estrategia más grande del diablo es hacer que el cristiano se ocupe de todo menos de orar. Los libros cristianos no substituyen a la oración, ni el servicio cristiano, ni la asistencia a la iglesia, ni la visita a las viudas y huérfanos, aun leer la Biblia y estudiarla, todo esto es también necesario y aún indispensable, pero nada puede sustituir a la oración. Nunca deberías estar tan ocupado que la oración no sea tu prioridad.

Todo lo demás puede esperar. El trabajo puede esperar, la correspondencia puede esperar, los negocios pueden esperar, la comida puede esperar, el descanso puede esperar, todo absolutamente necesita estar supeditado a nuestra cita con Dios.

Matthew Henry, uno de los más grandes comentaristas de la Biblia de todos los tiempos escribió: "He tomado la resolución de clamar a ti en todo momento, hasta el fin de mis días. No pasará un solo día que no me oigas". Por tanto, si alguien está siendo dirigido por el Espíritu Santo necesita escuchar constantemente sus instrucciones. Quien toma tiempo para escuchar las instrucciones al final llegará más pronto a la meta y logrará mucho más que quien quiere dirigirse solo.

Cuando un hombre o una mujer ora con el corazón, Dios le da trabajo perfecto, pero quien no quiere invertir tiempo en Dios siempre trabajará de más. No importa que tanto trabajemos, sino que trabajemos en el terreno correcto, con las herramientas correctas, ejecutando los movimientos correctos. Algunos se ufanan del mucho trabajo, pero a Dios no le impresiona nuestra mucho trabajo si este al ser probado será quemado. Un minuto de trabajo con ciencia vale más que un día sin ella. Hudson Taylor dijo: "He visto a muchos hombres trabajar sin orar, pero nunca he visto uno que haya orado y no haya trabajado".

*"Nunca He visto a muchos hombres trabajar sin orar, pero nunca he visto uno que haya orado y no haya trabajado."*

- Hudson Taylor

También dice Pedro, en el Escrito Sagrado, "… Porque si estas cosas están en vosotros, y abundan, no os dejarán estar ociosos ni sin fruto en cuanto al conocimiento de nuestro Señor Jesucristo" (2 P. 1:8). Y estas cosas de las que habla Pedro (versículo anterior), se consiguen en la presencia del Señor.

Orar será siempre la más importante actividad del día y necesita ser la primera. Hablar con el Rey del universo, tener una conferencia con el Dueño de todo, siempre será el tiempo de mayor valor en nuestra vida. Si acaso no estamos de acuerdo con estas ideas, entonces algo no está bien en nuestro corazón y es seguro que necesitamos arrepentimiento. Cuando hablamos con Dios estamos hablando con quien tiene todas las respuestas, toda la salud, todo el gozo, toda la paz, todo el dinero, todas las posibilidades dispuestas para ayudarnos.

## LA PRIORIDAD DE LA ORACIÓN

*Orad sin cesar*
(1 Ts. 5:17).

"Orad sin cesar" significa una continua disposición para orar, un continuo reconocimiento de nuestra sumisión y dependencia del Señor. David dijo por el Espíritu, "Siete veces al día te alabo a causa de tus justos juicios" (Sal. 119:164). ¿Cuántas veces al día oramos? Yiye Ávila dijo en cierta ocasión: "Vivir sin orar es vivir sin Dios". Orar sin cesar significa vivir, es estar continuamente alimentándonos y respirando, "porque en él vivimos, y nos movemos y somos;" (Hch. 17:28).

*"Vivir sin orar es vivir sin Dios."*

- Yiye Ávila

Orar sin cesar, es orar por todo. Nuestra oración privada y larga, pero también nuestras oraciones breves en nuestro corazón, cuando las balbuceamos, cuando estamos haciendo otras actividades, etc.

Andrew Murray fue muy sabio cuando dijo: "Aquel que ha aprendido a orar, ha aprendido el más grande secreto de una vida santa y feliz". ¿Cómo es que debemos orar? esa es una gran pregunta que para contestarla dedico un libro entero, *Los cinco temas de la oración de Cristo*, y todo aquel que realmente ha entendido y creído que la oración es la prioridad de la vida se preocupará por orar como Dios lo desea.

# EPÍLOGO

Existe un enorme número de héroes y heroínas de oración que podrían también mencionarse. La lista es muy larga, pero básteme mencionar estos ejemplos. Todas las personas mencionadas en este libro son personas que dedicaron mucho tiempo a la oración porque entendieron y creyeron de verdad el pasaje de Hebreos 11:6, "Pero sin fe es imposible agradar a Dios; porque es necesario que el que se acerca a Dios crea que le hay, y que es galardonador de los que le buscan".

Ellos echaron mano de ese galardón que Dios ofrece y fueron recompensados. Así como ellos, pido en oración que cada uno de nosotros, al terminar de leer este libro breve, doble sus rodillas y hable con el Creador. Que siga el ejemplo de estos hombres y mujeres. La mayoría de ellos ya están con el Señor, pero nosotros que vivimos ahora, bien podemos empezar hoy mismo una vida de victoria.

Dios quiere que oremos en cada momento, que la oración sea nuestra prioridad. Quiere que oremos por tiempos largos, que aprovechemos al máximo nuestra vida. Él tiene mucho más que darnos que nosotros que pedirle, por eso es que dice: "Y Aquel que es poderoso para hacer todas las cosas mucho más abundantemente de lo que pedimos o entendemos, según el poder que actúa en nosotros" (Ef. 3:20).

"¿Y qué más digo? Porque tiempo me faltaría contando de..." David Livingston, William C. Burns, John Wycliffe, Oswald Chambers, A.W. Tozer, Amy Wilson Carmichael, David Wilkerson... gente que un día entendió que orar es el más importante trabajo que un ser humano puede hacer en esta tierra; también el más importante deleite, y el más importante deber, y el único medio de hacer las cosas perfectas en el tiempo perfecto. Puesto que Dios tiene un tiempo perfecto y una manera perfecta de hacer las cosas, esto únicamente es revelado en la intimidad con él.

Mucho se puede continuar hablando de la oración, pero no es lo mucho que sepamos sobre el tema lo que nos dará victoria, –aunque, por supuesto es esencial conocer sobre el tema, y que sepamos orar– pero es orar, la práctica misma la que nos dará la luz y fuerza suficiente para vivir esta vida transitoria.

Este libro es un esfuerzo por incrementar la oración al único Dios verdadero, y es distribuido en todo el mundo en forma de libro electrónico y en papel.

*El Señor Jesucristo le ama y desea comunicarse con usted ahora mismo. Dios le bendiga.*

www.ingramcontent.com/pod-product-compliance
Lightning Source LLC
Chambersburg PA
CBHW070202111105Z6

44592CB00012B/1395